JN438742

꽃 이름 물어 보았네

존경하는

____________________ 님께

____________________ 드림

〈권두사〉

꽃 이름 물어보았네!

봄부터 초겨울까지 민둥산 오름엔 아름다운 들꽃들이 많이 피어
오름 길라잡이에게 꽃 이름 물었더니 어떤 꽃 이름이냐고 반문했답니다.
한라산 중 산간 숲 속을 지나다가 묘하게 생긴 꽃을 발견한 후 돌아와
어느 학자에게 이름 질문했더니 식물 전체의 모습을 보아야 한다고 했습니다.

그래서 꽃을 꺾어 배낭에 넣어서 갖고 다니다가 시든 꽃을 보여주었더니
상식도 없고 하식도 무식도 없는 나쁜 인간이라고 질타를 받았습니다.
어쩔 수 없이 똑딱이라고 부르는 작은 디카를 구입하고 휴대전화도 활용해
꽃모습 담아 보았는데 손톱만 한 작은 꽃은 얼굴이 잘 보이지 않았습니다.

사진작가의 조언을 받아 카메라라고 할 수 있는 덩치 큰 기계를 장만하고
꽃과 곤충을 관찰할 수 있다는 접사용 매크로렌즈를 장착하게 되었습니다.
배낭을 메고 삼각대 위의 카메라에 눈을 대고 서 있는 폼은 그럴듯했으나
그때부터 몸과 마음은 고난의 행군을 시작하게 되었습니다.

야생화는 왜 이리 키가 작아야만 하는지 앉거나 엎드려야 하는 것은 기본이고
주변엔 가시덩굴 많아 옷은 찢기고 얼굴과 손엔 생채기를 내야 했습니다.
습지 식물에 접근하다가 원하지 않는 진흙 마사지와 반신욕도 해야 했고
절벽에 있는 풍광을 앵글에 넣으려다 몇 번을 굴렀는지도 모릅니다.

오름과 바닷가에서 들꽃과 눈 맞춤한 후 고운 모습 그대로 영상에 담아 왔지만
이름을 몰라 또 다른 방황이 시작되었고 속 알이 까지 나오게 되었습니다.
꽃 이름 질문에 친절한 답변도 있었지만 무시하는 듯한 말투에 상처받고
한 번 들은 이름 다시 물어보고 핀잔을 받을 땐 한심스럽기까지 했답니다.

반복 학습의 효과란 언제나 있는 것처럼 이름 찾기 요령이 생기기 시작하니
작고 비슷한 단어만 알게 되면 인터넷의 도움을 받을 수가 있었습니다.
그렇다 하더라도 들꽃은 종류가 너무 많아 모든 이름 안다는 건 불가능해서
그냥 묶음으로 크게 묶어 대표 이름만을 알기로 하였습니다.

먼 곳에서 가져온 들꽃 모습 하나 하나에 이름이 들어 간 글을 넣고 보니
모기에게 빼앗긴 피가 아깝지 않고 벌레에게 쏘인 피부도 아물어 버렸습니다.
꽃 이름 물어보다가 받은 마음의 상처는 내공을 깊이 수련할 수 있게 하였고
들꽃과 내가 하나가 되어 어울릴 수 있다는 사실도 알게 되었습니다.

2013년 계사년 초 새봄의 들꽃을 기다리며

한라산 기슭에서 유유

계절별 야생화(수록 현황)

봄	3월	복수초, 변산바람꽃, 괭이눈, 노루귀, 제비꽃, 냉이, 별꽃, 개쑥갓, 광대나물, 백서향, 개불알풀, 매화, 방가지똥, 명자꽃, 민들레, 보춘화, 유채꽃, 괭이밥, 홍매, 왜제비꽃, 철쭉꽃, 남산제비꽃, 산수유꽃, 수수꽃다리, 버들강아지, 할미꽃, 개민들레
	4월	꿩의바람꽃, 산자고, 개별꽃, 진달래, 돌단풍, 현호색, 양지꽃, 중의무릇, 살갈퀴, 장딸기꽃, 머위꽃, 솜나물, 갯무, 흰대극, 뽀리뱅이, 개자리꽃, 봄맞이꽃, 자주괴불주머니, 족두리풀, 금창초, 광대수염, 새우란, 으름꽃, 줄딸기꽃, 개감수, 청미래덩굴꽃, 멀꿀꽃, 둥굴레꽃
	5월	각시붓꽃, 솜방망이, 청보리, 구슬붕이, 점나도나물, 금새우란, 갯장대, 애기풀, 풀솜대, 금난초, 자란, 긴병꽃풀, 개구리자리, 나리난초, 미나리냉이, 매발톱, 소루쟁이, 번행초, 골무꽃, 애기나리, 피뿌리풀꽃, 미나리아재비, 선씀바귀, 꿀풀꽃, 해당화, 말똥비름, 개망초, 지칭개, 인동화, 찔레꽃, 등심붓꽃

여름	6월	박새꽃, 땅채송화, 감자꽃, 멍석딸기, 패랭이꽃, 갯까치수영, 어성초, 쥐오줌풀, 주름잎, 바위채송화, 붉은토끼풀, 바위취, 갯장구채, 물양귀비, 섬초롱꽃, 갈퀴나물, 갯취, 노루발, 자주괭이밥, 실꽃풀, 노랑어리연꽃, 마삭줄꽃, 순채, 까치수염, 기린초, 백리향, 방풍, 뱀무, 고삼, 접시꽃, 갯메꽃
	7월	수국, 수련, 구릿대, 솔나물, 해녀콩, 닭의장풀, 하늘타리, 원추리, 파리풀, 노루오줌, 순비기, 삼백초, 애기범부채, 통발, 능소화, 문주란, 비비추, 갯패랭이꽃, 사상자, 황근, 참나리, 불사초, 계요등, 타래난초, 갯강활, 딱지꽃, 협죽도, 꿩의다리, 개곽향, 거지덩굴꽃
	8월	산수국, 돌가시나무꽃, 칡꽃, 등골나물, 엉겅퀴, 달맞이꽃, 한라개승마, 방울꽃, 짚신나물, 사위질빵, 연꽃, 여우팥, 해오라비난초, 부처꽃, 금불초, 버어먼초, 이삭여뀌, 소황금, 중대가리, 어리연꽃, 부용, 송장풀, 곰취, 절굿대, 부레옥잠, 이질풀, 애기사철난, 제주조릿대, 낭아초, 개모시풀, 익모초

계절	월	꽃
가을	9월	무릇, 으아리, 개똥참외, 물봉선, 벌개미취, 상사화, 며느리밑씻개, 야고, 오이풀, 층층잔대, 산비장이, 수크령, 마꽃, 돌콩, 배초향, 물레나물, 참취, 며느리밥풀, 비수리, 나비나물, 수까치깨, 꽈리, 흰바디나물, 쥐손이풀, 산박하, 왕고들빼기, 석산, 삽주꽃, 층꽃, 골등골나물
	10월	쑥부쟁이, 나도송이풀, 마타리, 진범, 촛대승마, 솔체꽃, 양하, 한라돌쩌귀, 산부추, 잔대꽃, 꿩의비름, 쥐꼬리망초, 여뀌, 둥근잎유홍초, 주홍서나물, 바위솔, 미역취, 기름나물, 자주쓴풀, 까마중, 쇠무릎, 털진득찰, 나팔꽃, 벌노랑이, 메밀꽃, 쇠서나물, 배풍등, 구절초, 고마리, 용담꽃, 도꼬마리
	11월	털머위꽃, 땅귀이개, 송악꽃, 산국, 환삼덩굴, 꽃향유, 억새, 물매화, 강아지풀, 개모밀덩굴, 만수국아재비, 팔손이, 제주사약채, 해국, 덩굴모밀, 이고들빼기, 덩굴용담, 고사리삼, 갯쑥부쟁이, 갯국화, 갈대

겨울	죽절초, 동백, 눈꽃, 흰동백, 겨우살이, 산다화, 구상나무, 겨울꽃, 수선화

CONTENTS

3월 봄을 알리는 꽃

눈 녹이는 정열 복수초

얼마를 기다렸던가
파란 하늘이
기억 속에 흐물흐물
지워질 때쯤에야
비로소 정신 차려
눈을 뚫고 나왔다

아도니스의 슬픈 추억은
구름 위에 띄워 멀리멀리 보내자
지금은
눈을 녹이는 정열만이
지상 과제이기에
빨간 피로 된 꽃 아닌
노랗게 빛나는 황금 꽃으로
내일만을 노래하자

행복하게 오래 살라 하여
복수초 이름 붙여 주었음에도
여름철 뜨거운 태양 비추면
지상에서 사라져 버리지만
얼음 사이 빠져나오며
봄소식 전하는 데는
정열적인 모습 보인다

땅 귀신에게 시집가기 싫어
깊은 숲에 들어가 꽃이 되어 버린
안개 여신의 슬픈 사연 복수초
사진작가는 설련화 눈색이꽃이라 찾고
식물학자는 정수화 원일초라 부른다
한방에서는 측금잔화라며
진통제 강심제로 사용한다지만
아무렴 무슨 상관이랴
봄의 깃발 들고 나오는
기수 역할 하는 것으로 만족한다.

복수초

봄의 전령사 중 으뜸이라 할 수 있다. 눈과 얼음을 뚫고 나와 얼음새꽃이라고도 불리는 등 여러 가지 이름이 사용되고 있다. 그리이스 신화에 있어 아름다운 소년 아도니스가 짐승의 날카로운 이빨에 물려 죽으면서 흘린 피가 복수초로 변했다고 하는데 이는 여름에 피는 붉은 복수초이고 봄에 피는 노란 복수초와는 다르다. 일본에서는 안개의 성 여신이 아버지에 의해 사랑하는 신을 버리고 토룡에게 시집가도록 강요당해 가출하자 아버지가 딸을 복수초로 변하게 했다는 전설이 내려오고 있다. 복수는 장수와 행복을 상징하는 이름이 붙었음에도 여름이 오면 지상의 모든 잎과 줄기가 사라져 버린다. 복수초는 전설도 이름도 실제 사물과 다른 하나의 예라 할 수 있다.

봄의 아씨 변산바람꽃

고개를 들어요
많은 사람들이 기다렸어요
그대 바라보기 위해 이렇게 무릎 꿇고 있지요

먼 길 오면서도 치맛자락 상하지 않아 좋군요
차가운 눈 속에서도 곱게 단장 했네요
그래 봄바람 가져오긴 했나요
너무나도 반가워요

허리도 좀 펴세요
너무 수줍어하면 보기 민망해요
우아한 자태를 영상으로 간직하려 한다네요

아름다운 옥색 저고리 만드느라 고생 했겠어요
보랏빛 무늬가 정말 잘 어울리네요
풍기는 봄 내음도 향기로워요
역시 봄의 전령이라지요.

변산바람꽃
한라산, 지리산, 마이산과 변산반도 등지의 숲속 습한 곳과 반그늘에서 나온다. 복수초와 더불어 봄을 다투는 앙증맞고 예쁜 꽃으로 정평이 나 있으나 눈이 녹을 무렵 피어서 일찍 지기 때문에 쉽게 찾을 수 있는 대상이 아니다. 꽃받침도 우아하고 꽃잎도 새의 날개처럼 갈라지는 날렵한 자태와 옥색과 보랏빛 꽃술 등이 아름다워 사진작가들이 선호한다.

괭이눈이 봄을 엿보니

눈이 녹아
파란 하늘 보여
고개 빼고
멀리 바라보니
봄이
아주 천천히
흐느적거리며
오는 것 보이지만
여전히 춥기는 하다.

설마
저 봄
오다 말지는 않겠지
마음 바뀌어
돌아가지는 않겠지
조바심 내며
감시한다는 생각으로
눈에 힘을 주다 보니
노랗게
멍이 들어 버린다.

괭이눈이
엿보는 봄은
맘에 들었다
안 들었다 한다.

괭이눈
산의 계곡 습지에 주로 자란다. 한자로는 금요자라 쓴다. 괭이눈은 꽃이 작아 벌과 나비가 못 볼까 봐 꽃 주위의 잎까지 노랗게 물들이며 꽃처럼 보이게 한다.
열매가 열리면 햇볕에 졸고 있는 고양이의 눈 모습과 같다하여 괭이눈이란 이름 붙었다. 흰털괭이눈, 애기괭이눈, 금괭이눈, 덩굴괭이눈 등이 있으며 모두 봄의 전령사 역할 한다.

노루귀에도 봄 오는 소리 들리는가?

천사의 날개옷이
구름 스치는 소리인가

숲 속 바위 요정이
앉은 자세 바꾸는 소리인가

지나가는 바람 타고
들릴 듯 말 듯 한 소리 실려 오니

긴 잠에서 깨어난 노루귀
목을 빼 들고 봄이 오는 그 소리 엿듣고 있다.

노루귀

숲 속 나무 밑의 비옥한 토양에서 자란다. 잎 모양이 노루의 귀를 닮아 노루귀라는 명칭이 붙었는데 잎이 나오기 전에 꽃이 핀다. 뿌리에서 나온 솜털 달린 꽃대에 한 송이의 흰색 또는 분홍색 꽃이 핀다. 민간에서는 노루귀를 포기 째 말려 두통과 장 질환 치료제로 쓰였다고 한다.

제비꽃도 다시 오고

너무 늦은 것은 아니겠지요
서두르다 보니
단장도 제대로 못 했는데
추해 보이지는 않겠지요

아직은 춥네요
그러고 보니
제비 오는 날은 삼월 삼짇날인데
음력을 양력으로 착각했군요

아무렴 어떨까요
어차피 동산에 앉아
연인들을 즐겁게 해 주어야 하니
좀 일찍 오면 좋지 않겠나요

제비꽃은 많답니다
종류도 많고 이름도 많고
색깔도 많고 얽힌 사연도 많아
늘 연인 곁에 있어야 한다네요

부지런 떤 제비꽃이랍니다
어쩌다 보니
봄의 전령사로 등장했는데
일 년 내내 성실함 보여주렵니다.

제비꽃

야산과 들에서 땅바닥에 붙어 자라는 흔한 식물이다. 병아리꽃, 오랑캐꽃, 장수꽃, 씨름꽃, 앉은뱅이꽃 등 10여개의 이름이 있다. 모양과 색이 다양하여 세부적으로 분류할 때 세계적으로 400여종, 우리나라에서만도 30여종이 있다고 한다. 겸양, 성실 등의 꽃말이 있고 눈물 속에 피는 꽃이라는 표현도 있다. 나폴레옹과 그리스 신화에도 등장한다. 풀 전체를 해독, 소염, 황달, 간염 등의 치료제로 쓰였다 하며 향료로도 활용했다고 한다.

냉이는 봄의 향기를 전하며

냉이
나생이, 나싱게라는 말로도 부르며 들이나 밭에 난다. 봄을 장식하는 나물의 대명사로 알려져 있다. 꽃말은 봄 색시인데 한의학에서는 제채라는 약재명을 써서 이뇨, 지혈, 해독 및 비위허약, 당뇨, 월경불순, 인질, 코피 등의 치료에 사용하였다고 한다.

사람 찾을 만한 곳
고즈넉하게 자리 잡아
화사한 햇볕에
배시시 웃으면서
봄이 왔음을
은은하게 알린다.

지하 세계
춥고 어두웠을 터인데
누구 찾아서 얻어왔는지
알 수 없지만
봄 냄새 분명한
그윽한 향기 뿜어낸다.

냉이의 향기는
손끝에서 느낀 후
입속에서 맡아야 한다는
아낙의 중얼거림을 들으며
아무렴 어쩌랴
봄소식만 전하면 된다고 한다.

별꽃은 땅위에서 봄 꿈 꾼다

밤하늘에 떠 있는 것이 별이라면
대낮에 땅 위에 피는 것은 별꽃이다
별은 어두워야 더 잘 보이지만
별꽃은 햇볕이 밝아야 빛을 발한다
별은 높게 더 높게 보이려 하지만
별꽃은 땅바닥 아주 낮게 기고 있다
별은 서서 올려다보아야 흥취가 있다면
별꽃은 앉아서 내려다보아야 알 수 있다

도시에서 별이 그야말로 별 볼 일 없듯이
농촌에서는 별꽃이 잡초 취급 받는다
하늘의 별이 은하수처럼 모이는 것처럼
땅 위의 별꽃도 무리지어 피어난다
별 모양을 오각형으로 상징하듯이
별꽃도 다섯 꽃잎으로 되어 있다
별빛이 흰색으로 반짝이는 것처럼
별꽃도 하얗게 빛난다

별이나 별꽃이나 꿈을 꾸게 하고
추억과 향수를 불러일으킨다고 한다
별을 먹는 것은 용이고
별꽃을 먹는 것은 병아리라고 하나
별과 별꽃 보고 그리움 먹는 것은 사람이다
길고 긴 겨우 내내 푸르름을 유지하려
길가 들녘에서도 모질게 살아 있다가
봄소식 전해지자 재빨리 꽃을 피운
꼼꼼한 별꽃에 찬사 보내 본다.

별꽃
한반도 전역의 들이나 밭에 흔하게 나는 잡초성 식물이다. 방석처럼 땅바닥에 붙어 넓게 번지며 병아리 먹이로 적격이라 한다. 은하수처럼 많이 모여 피는 흰색의 작은 꽃은 5개의 꽃잎이 갈라져 10개로 보인다. 민간에서는 전초를 피임이나 최유제로 사용하였다고 한다.

메마른 땅의 개쑥갓도 봄을 알리고

애개개
이게 꽃이야
무슨 꽃이 이래
피기는 다 핀 거야
하얀 솜뭉치는 또 뭐야
밭이나 길가 어느 곳도 좋아
땅이 기름지든 메마르든 상관없이
햇볕 있는 곳에서는 조용히 자리 잡아
봄에서 가을까지 앙증맞게 노란 꽃 피우는
평범하면서도 악착같이 살아가는 서민 같은 풀

늘 무시당해 싫은 말도 이젠 아무렇지 않고
누가 보아주지 않아도 꿋꿋함을 지니며
필요할 때 쓸 수 있는 독을 가진 채
봄소식 전하는데 동참한
그 이름 개쑥갓.

개쑥갓
전국의 산기슭과 들에 자란다. 빈터와 밭, 도시나 농촌의 길가에서도 많이 보인다. 돌 틈과 황량한 흙바닥, 심지어 아스팔트와 도로 사이에서도 꽃을 피운다. 꽃은 이른 봄에서부터 늦은 가을까지 달고 있으며 어떤 곳에서는 겨울에도 꽃을 볼 수 있다. 들쑥갓이라고도 하는데 낮은 키에 꽃이 완전히 벌어지지 않는 특성으로 유사한 식물들과 구별한다.

백서향

흔히 천리향이라고 하는 향기가 강한 꽃나무다. 남부지방 특히 제주도의 해안 가까운 산기슭에서 자란다. 잎의 가장자리가 밋밋하고 잎자루가 짧으며 가죽 같은 질감으로 윤이 난다. 2~4월에 흰색의 꽃을 피우는데 홍자색이나 담홍색도 있다. 비구니가 잠결에 향기를 찾아 갔다고 하여 수향이라 불렸고 꽃말도 "꿈속의 사랑"이 되었다 한다.

백서향의 향기 그윽하다

따스한 햇볕 비취자
남녘 바닷가 산기슭에서
봄의 문턱 지키는 백서향이
입을 벌려 향기 뿜기 시작한다

잠결에 맡은 향기는
비틀거리며 백 리를 따라가야 하고
상서로운 향기이기에
천 리에 걸쳐 펼쳐져야 한단다

노란 미소 머금은
뽀얀 얼굴 새색시가
꿈속의 사랑에 취한 양
상기된 채 향기 풍기며
봄을 맞이하고 있다.

광대나물

접골초, 진주연, 코딱지풀이라고도 불린다. 우리나라 전역의 풀밭이나 길가, 햇볕이 잘 드는 양지에서 자란다. 본래 귀화식물이기는 하나 이른 봄에 집 주변에서 가장 먼저 가장 많이 보이는 꽃이다. 최근에는 늦가을에도 피어있는 모습을 보게 된다. 입술 모양의 홍자색 꽃이 잎겨드랑이에 여러 송이 붙어서 돌려나는데 광대가 고깔을 쓴 모습과 비슷하다고 하여 광대나물이라는 이름이 붙여졌다. 어린 순은 나물로 먹었으며 민간에서는 토혈과 코피를 멎게 하는 데 사용했고 한방에서는 근육통, 타박상, 고혈압, 동통 등에 처방되었다고 한다.

광대나물까지 봄의 미소 보이고

지옥에서 탈출하여
겨울을 밀치고 올라와
멋쩍은 웃음 보이는
광대나물

햇볕이 강해
눈을 제대로 뜨지 못하지만
봄의 미소는
잊지 않고 가져왔다

이제 곧
연분홍 치마가 필요함을
알려주려는 듯
봄의 색도 가져왔다

그렇게도
봄을 알리고 싶은가 보다.

봄 전령사 가담 개불알풀

봄소식 전하는 꽃 많은데
괜스레 봄 전령사에 가담하여
추위에 떨고 있다

개 불알같이 생긴 열매 때문에
점잖지 못하게 붙은 이름
봄까치꽃으로 개명하기 위해
고생하는 줄은 안다

본래는 초여름
보아 주는 사람 아무도 없는
길가 빈터 어떤 곳에서나
마구마구 자랐는데
이제는 생각 달리하는 모양이다

봄부터 가을까지
끊임없이 꽃 피우더니만
내친김에
겨울에도 보라색 빛
슬며시 내 보인다

바닥을 기면서도
강인한 생명력 보이는
서민의 삶 알려주는 평범한 역할
이제는 벗으려는 것 같다

기쁜 소식 전해주는
봄의 집배원 되기 위해
고생길 자원하는 모습 엿보인다.

개불알풀
남부지역의 밭이나 길가, 들판에 자라는 2년생 초본이며 이른 봄부터 햇볕이 잘 드는 곳이면 어디서든지 잘 정착한다. 큰개불알풀, 눈개불알풀, 선개불알풀이 있으며 꽃의 형상이 비슷하다. 초가을에 달리는 열매의 모습이 개의 불알과 유사하다고 하여 개불알풀이라는 이름이 붙었다고 하나 일각에서는 일본식 이름을 그대로 번역하여 사용했다는 비판을 하면서 봄까치꽃으로 바꿔 부르고 있다.

벌을 부르는 매화

눈 녹인 바람에 실린 은은한 매화향은
먼곳에서 꿀 찾는 벌을 부르고 있는데
서릿발 풀리지 않는 우리 님의 마음은
언제나 녹아서 애태우는 이 몸 부를까

서민 상징 방가지똥

다 그런 거지
그렇고 그렇게 사는 기야
길가면 어떻고 밭둑이면 또 무슨 상관이랴
홀씨 날라와 떨어진 곳이 곧 사는 장소가 될 뿐이라네
사시사철, 삼한사온, 시시각각 변하는 날씨에 적응해야지
기후가 맞지 않는다고 불평하면 안 된다 하니
비 오면 오는 대로 바람 불면 부는 대로
그렇고 그렇게 살자 한다네

이름이라도
그럴싸하게
붙여 주었으면
더없이 좋으련만
볼품없는 꽃 주제에
값비싼 푸념한다는 질책이 쏟아질까 너무나 두려워서
속으로 찐한 고름 맺힌 채 한숨만 푹푹 내 쉬는 방가지똥.

방가지똥

왕고들빼기라고도 불린다. 전국의 길가나 들에서 자라는 잡초 중의 하나이다. 줄기에 어긋나게 난 잎이 변이가 심한 편이며 가장자리에 불규칙한 톱니가 있고 그 끝이 바늘처럼 변한다. 잎이나 줄기를 자르면 하얗고 쓴 진액이 나오는데 시간이 지나면 끈적끈적한 갈색으로 변해 똥이란 말이 붙은 것 같다. 활짝 피지도 못하고 꽃답지도 못한 꽃이 이른 봄부터 거의 일 년 내내 피고 지며 나물이나 김치를 담아 먹기도 하고 녹즙으로 복용 시 유방암이나 간암에 효과가 있다는 말도 있다.

명자꽃도 보게 되고

명자의 입술이
곱게 웃으면
봄은 시작된다

양지 녘에 앉아
명자꽃 피어오르는 모습
물끄러미 바라다보면
우리 동네 명자
첫사랑에 불타올라
붉게 멍든 가슴 부여 쥐고
정신없이 방황하던
그 시절 생각난다

유난히도 빨갛게 빛났던
명자의 입술은
봄이 왔음을 상기시켜 주었다.

명자꽃
산당화, 보춘화라는 말로도 불린다. 2m 이하로 자라는 나무에서 피는 꽃으로 본래 붉은색이었으나 공원이나 정원에서 관상수로 개발되다 보니 흰색과 분홍색 등 다양해지고 있다. 이른 봄에 피고 활짝 핀 꽃과 덜 핀 꽃봉오리를 동시에 볼 수 있을 정도로 개화기간이 길어 봄의 정취를 느끼게 함에 따라 아낙네들이 봄바람 난다고 집에 들이지 못하게 했다 하며 이로 인해 아가씨꽃이란 말도 붙었다 한다.

민들레가 꽃샘추위 만나 보니

아부렴
적당함을 잊으면 안 된다 하는데
사실 급한 것도 아닌데도
너무 일찍
꽃 피우다
된서리 맞아 버렸다

빨리
홀씨 만들어
멀리멀리 보내려기에
봄까치꽃 피우는 모습 보고
덩달아 봄을 노래하다가
몸이 얼어 버린다

민초란
척박한 땅과
험악한 날씨에 견뎌야
진정 거듭날 수 있다고 하지만
지금 당장 추운 것은
싫다고 후회한다.

민들레
보통 두상화(꽃대 끝에 꽃자루 없이 작은 통꽃들이 많이 모여 머리 모양을 이룬 꽃)라 하는 꽃의 대명사이며 홀씨를 바람에 날려 보내 번식하는 식물의 대표격이 된다. 흰민들레 등 많은 종류가 있고 사돈의 팔촌까지 100여 종이 넘는다. 농가에서 오랫동안 잡초 취급을 받아 오다가 한 때 명약이라며 귀부인 대접을 받은 적도 있으나 다시 잡초가 되었다. 한방에서는 포공영이라 하여 해열제나 각종 염증 치료제로 사용되어 왔다.

봄시샘에 보춘화도 고개 떨구다

봄이 왔다고
알려야 하는 임무
분명히
때에 맞춰
봄이 왔음을 보도했는데
고운 옷 꺼내 들고
춤출 땐 언제고
꽃샘추위 맞이하자
아직 겨울이라고
이 추위가 봄이냐고
감기 들게 했다고
정신 나간 꽃이라고
질책이 쏟아지자
할 말 없어
고개만 푹 떨군
보춘화.

보춘화
남부지방에서 자생하는 흔히 춘란이라고 부리는 난의 일종이다. 이른 봄에 꽃줄기의 끝에 황록색 꽃을 1개씩 피우며 은은한 향기가 난다. 이름 그대로 봄을 알리는 꽃이라서 "봄이 왔는지는 보춘화에 물어봐야 안다"라는 말도 나오게 되었다. 민간에서 뿌리를 말려 피부병, 지혈제, 이뇨제로 사용했다 한다.

손님 맞이하는 유채꽃

어느 분이 오시는가요
이번엔 유달리 오시는 분 궁금하네요
그렇지만 누구도 차별하지는 않아요
마음이 울적할 땐 훌쩍 떠나오세요

일이 잘 안 풀릴 때도 바깥바람을 쐬세요

주변 사람들과 마찰이 있을 때 그곳에서 탈출해 보세요
따뜻한 봄 햇볕을 맞아 보아요
화사한 유채꽃 웃음과 같이해요
몸과 마음이 달라질 거에요
우리가 향기와 노란색으로 혼을 빼놓아도 용서하세요
속세의 어지러움을 잠시 잊게 하기 위해서니까요
사진도 맘껏 찍어 보아요
우리 꽃말이 명랑 쾌활이랍니다
그래서 즐거움과 풍요로움을 실컷 드리지요
우리 조상도 아주 먼 곳에서 왔다네요
그러나 지금은 제주도에 자리 잡아 손님맞이 한답니다
어서 오세요! 혼조 옵서예.

유채꽃
지중해 연안이 원산지라고 하나 중국이 가장 오래전부터 재배했다는 말도 있다. 전 세계적으로 널리 재배되는 유채는 보통종과 서양종이 있는데 한국에 있는 것은 서양종으로 1960년대 초 제주도에서 기름 추출 작물로 재배되기 시작했다. 꿀이 좋아 밀원식물로도 각광을 받았고 봄나물로도 많이 애용되어 왔지만 점차 관광용으로 밀려나고 있다. 제주도 이외의 중남부 지역까지 재배 범위가 확산되어 가고 있다.

괭이밥 하면 생각나는 사람아

쉬영이라 했던가
여리고 여린 하트 모양 이파리
몇 잎 따다 돌 위에 밥상 차려
맛있게 먹기를 바라며
물끄러미 바라보던
그 얼굴 그 추억이 아른거리게 한다

싱아라고도 했던가
봉숭아 손톱 물 들일 적에
백반 대신 넣어 주기 위해
돌로 찧어 주다가 내 손톱 찍어버리자
손가락 잡고 눈물 보이던
그 눈동자 그 시절을 생각나게 한다.

괭이밥
풀잎은 토끼풀과 비슷하고 꽃은 양지꽃과 비슷하다. 시금초, 괴싱이, 산장초라고도 하며 지역에 따라 쉬영이나 싱아라고도 불렀다. 고양이가 소화가 안 될 때 잘 먹어 괭이밥이라는 이름이 붙었다 한다. 풀 속에 산 성분이 있어 신맛이 난다. 봉숭아 손톱 물들일 때 백반 대신 사용하는 것도 이 때문이다. 이른 봄부터 가을까지 작고 노란 꽃이 피는데 비 오는 날이나 밤에는 오므라드는 습성을 갖고 있다.

홍매는 낙엽을 연상시킨다

꽃이 피어 있으니 봄인 줄 안다
꽃의 색이 화사하면 봄이 무르익었다고 한다
꽃이 아름다울수록 많은 사람의 사랑을 받게 된다
꽃이 있을 때 벌 나비 춤추고 동박새도 노래한다
한낮에 자태를 뽐내는 꽃은 밤비를 두려워한다
만첩홍매화는 피면서 지는 것을 걱정한다
이파리도 없는 꽃이 낙엽을 생각한다
꽃이 지면 봄도 갈 것이라 한다
봄이 가면 가을 온다
가을엔 낙엽이다
떨어지는
낙엽과
꽃

왜제비꽃의 상처

칸나 같은 큰 키와
화려한 얼굴
전생의 멋진 자태가
오만을 키워
다시 태어나자
볼품없어진 몰골

아픈 과거 없는
생물 없건만
유난히도 상처가 큰
그래서
바닥에 깔리고
고개도 들지 못하는
왜제비꽃.

왜제비꽃
수없이 많은 제비꽃 중의 하나인데 줄기 없이 잎이 모여 나는 사이에서 6 - 12cm의 꽃대가 나와 자주색 계열의 작은 꽃이 땅을 향해 핀다. 산이나 들에서 나는 식물 중 왜란 이름이 붙으면 작거나 일본이 원산지인 품종을 말하는데 대부분 작은 식물에 많이 붙인다. 보통은 잡초로 취급받으나 이른 봄에 꽃을 피우면 눈에 뜨이게 된다.

철쭉

진달래와 비슷하나 진달래꽃은 먹을 수 있는데 반해 철쭉꽃은 독성이 있어 먹지 못한다. 통상 지대가 높은 산에서 진달래가 지고 난 5월에 연분홍색의 꽃이 만개했으나 요즈음에는 산철쭉, 왜철쭉 외에 각종 영산홍 종류와 더불어 방울철쭉, 단풍철쭉 등 이름도 많아지고 색도 여러 종류일 뿐만 아니라 한겨울에도 꽃을 피우는 등 다양해졌다. 꽃말은 "사랑의 기쁨, 자제, 줄기찬 번영"

철쭉꽃의 독성

신의 심술인가
아름다움 시샘해
꽃잎에 독을 넣어
사랑을 방해하고
색상도 여럿 만들어
누구인가 구분
못하게 하더니만
이젠
꽃 피우는 시기도
제멋대로 맞기니
존엄했던 철쭉꽃
방탕에 빠지다.

남산제비꽃의 매력

산책길에서
우연히 마주친 남산제비꽃
물방울 장식하고
함초롬히 앉아 있는
그 모습이
순진무구했던 사랑을
일깨워준다.

햇볕 내리쬐는
산기슭에 앉아 있는 남산제비꽃
티 없이 소박했던
옛 소녀 웃음 담아
무심코 지나치는
등산객 발길 잡아 놓는다.

남산제비꽃
남산에서 처음 발견되었다 하여 남산제비꽃이란 이름이 붙었는데 흰제비꽃, 세엽근채, 남산오랑캐꽃이라고도 한다. 많은 종류의 제비꽃과는 잎이 완전히 다른데 3개의 갈라진 잎 중 가에 있는 잎이 2개로 다시 갈라져 5개의 새 발 모양으로 보이고 코스모스 잎과도 닮았다. 한방에서 간 기능 개선이나 감기 등의 약제로 쓴다고 한다.

산수유꽃의 불만

봄에 꽃 피우지 않았으면
그래도 알아줄 것인가?

좁쌀 뭉쳐 놓은 것 같은
이 꽃을 보아줄 것인가?

산 중턱 노랗게 물들이는
이 몸을 인정해 줄 것인가?

산수유!
빨갛게 빛나는 열매에서
인간에게 필요한 모든 것
그 무엇 무엇이 있다면서
열매만 찾지 않는가?

열매가 좋은 것은
꽃 때문이라는 것을
제발 알아주기 바란다.

산수유

층층나무과의 낙엽성 소교목으로 이른 봄 잎이 나오기 전에 황색의 꽃이 먼저 핀다. 산에서 봄을 알리는 꽃으로 인정받고 있다. 가을에 긴 타원형의 붉은 열매를 맺는데 이 열매의 명칭이 산수유로서 다양한 약리작용을 한다. 민간에서 오래전부터 강장제로 차와 술로서 활용했다. 각종 한방의서에 신장, 생식기능, 두통, 이명, 해수병, 관절 등에 탁월한 효과가 있는 것으로 기록되어 있다.

수수꽃다리에 보내는 편지

미스킴라일락아!
봄바람 타고 그대 향기 전해지니
또다시 설레는 사랑에 가슴이 아파 온다.
수수 꽃처럼 달리는 그 꽃이
사랑 점을 쳐준다는 말을 믿지 않았는데
이제는 알 것 같단다.
담자색이라는 꽃 빛이 영혼을 잡아 놓는다는 말도
이제는 믿게 되었다.
그대 보고 싶고, 그대 향기 맡고 싶어
빛바랜 사진만 수없이 들춰댄다.
커피 잔을 들면 수면에 그대 얼굴 비치고
커피는 된장찌개로 바뀌어 구수한 냄새 풍기며
햄버거조차 시큼한 김치로 변해 버린다.
그대의 조용한 웃음은
언제나 내 마음을 울렁이게 하였고
그대의 조심스러운 목소리는
나의 행동을 늘 올바르게 만들어 주었다.
봄이 또 찾아와서 옛 추억을 멍들게 하면
더욱더 보고 싶은
나의 사랑 미스킴라일락아!

수수꽃다리
미스김라일락, 개똥나무, 정향나무라고도 하며 이북이 원산지나 전국적으로 확산되었다. 꽃이 활짝 피기 전 봉오리가 수수를 닮아 수수꽃다리가 되었는데 향기가 진한 라일락의 조상이다. 해방 후 미 군정청 소속의 식물채집가가 도봉산에서 자라고 있던 수수꽃다리의 종자를 채취해 미국으로 가져가 개량을 했는데 한국 근무 당시 식물자료를 정리해 주던 타이피스트의 성을 따서 "미스김라일락"이라는 이름을 붙였다 한다. 꽃말은 "젊은 날의 추억"

버들강아지 나오는 소리

왈 왈
졸 졸 졸
부스럭 부스럭
목줄에 봄을 달고
이리저리 돌아다닌다.

버들강아지 냇가에 나오면
얼음도 마저 다 녹이고
봄을 보내기 위한
버들피리 소리
들린다.
삐이-

그 나무의 새싹

나뭇가지 끝이 보여주는
생명의 윤회
험난한 세월이 앞에 놓여있어도
지금은 희망과 꿈이
공기와 햇볕
어우러져
봄을 노래할 뿐
시련이 닥칠 때도 있을 것이고
번뇌도 따라올 것이지만
탄생은 늘
기대 부풀게 하는 법
새 생명의 눈 뜸은
진리를 일깨운다.

PASQUE FLOWER

할미꽃의 교훈

종다리 우짖을 때면
무덤가 혼이 살아
할미꽃으로 피어나
허리 굽혀
인생의 쓰라림을 알려주고
고개 숙여
외로움과 허무함을 가르치며
백발 머리칼로
인고의 세월을 기록한다.

이젠
그 꽃의 전설조차
가마득히 잊혀가고
산과 들의 개체 수도
줄어들어 감에
할미꽃 교훈
대대로 전파 못 해 걱정하니
오죽하면 지나가는 바람이
나를 믿으라 한다.

할미꽃

옛날 세 딸을 둔 할머니가 있었는데 어느 겨울날 춥고 배가 고파 딸들을 찾아갔다. 그런데 부자로 살고 있는 첫째와 둘째 딸이 받아 주지 않아 아픈 몸을 이끌고 가난한 셋째 딸의 집으로 가다가 마을 어귀에서 얼어 죽고 말았다. 셋째 딸이 슬피 울며 양지바른 곳에 묻어 주었는데 눈이 녹자 흰 머리칼이 나고 허리가 굽은 꽃이 피어 할미꽃이라 불렀다 한다. 산과 들판의 양지쪽에 자라며 무덤 인근에 특히 많이 피었는데 점차 보기 어려워진다. 흰 털로 덮인 꽃이 노인의 머리칼과 같고 허리가 굽아 땅을 바라보는 꽃의 모습에서 할미꽃 또는 백두옹이나 노고초로 불린다고 한다. 유독성 식물로 살균, 살충 등에 활용되며 해열이나 학질 등의 약제로도 사용한다. 꽃말은 "슬픈 추억"

오름을 장악한 개민들레

제주도는 신천지
대대손손 살아갈 터전 신천지
열심히 개척하여
노란 천국 건설하자

퇴치불능의 잡초니
생태계 파괴 주범이니
각종 나쁜 말로 욕먹으며
뿌리까지 뽑혀도
농약 세례를 당해도
굳건히 살아남는다

태초에 아무것도 없었던
이 땅인데
본래 주인이 어데 있었겠는가
모두가 들어 온 몸이면서
좀 일찍 왔다고
텃세가 심하지만
참고 더불어 살아가야 한다

이젠 서양금혼초란
이름도 얻었고
빈터를 찬란하게 수놓아
관광객으로부터 칭송받으니
어느 곳 어느 집에선
대접도 받는 처지이어서
머지않아
제주도의 명물 되리라.

개민들레

80년대 목축농가의 사료용 풀씨로 들어온 것으로 추정되는 식물인데 제주도의 오름과 들녘을 장악했을 정도로 서식지가 넓게 퍼져 나가고 있다. 각종 도감에는 외래식물 또는 표류식물이라는 이름과 더불어 "퇴치불능의 잡초"라고 하고 있고 지자체는 "생태계 파괴 주범"이라 하여 개민들레 뽑기 운동이나 말살 작업을 하고 있지만 생명력이 강해 제주도 정착 단계이며 서양금혼초 또는 민들레아재비란 새로운 명칭도 얻고 있다. 토끼풀, 개망초, 달맞이꽃 등과 같이 귀화식물의 일종이 될 것으로 보인다. 최근 관절염과 아토피 질환 치료 물질을 추출하고 피부주름 개선용 화장품 원료로 연구하는 등 다양하게 개발하고 있다. 겨울을 비롯한 일 년 내내 꽃을 피우지만 봄에 더 화려한 꽃밭을 만들어 놓는다.

4월 물오르기 시작하는 들꽃

슬퍼야 하는 꿩의바람꽃

산장의 여인처럼
숲 속에서 조용히 살아가고 싶은데
운명의 심술은 어쩔 수 없나 보다

꽃 여신의 시녀로 태어나
바람의 신과 사랑을 하다가
여신의 질투로 꽃이 되었다는 사연
품위 있는 자세와 절제된 의상
조연 아닌 주연감이 충분한데도
전설 속에서조차 하녀가 되어
금지된 사랑의 굴레를 쓰게 되고
사랑이란 그렇게
괴롭고 허무하더라 라는 말을
대명사로 달고 다녀야 하는 존재
그런 꽃이 되어버렸다

산속 나무 창살에 갇혀 살아야 하고
밤이든 낮이든 비가 오나 구름 끼나
항상 꽃 피우고 싶음에도
햇볕 있을 때만
잠시 속살 내보이는 것 허용 받은
한숨과 눈물 친구 삼아 살아야 하는
그래서 슬퍼야 하는 그 꽃!

꿩의바람꽃

숲 속 양지 녘의 바람 부는 곳을 좋아한다. 뿌리줄기에서 세 개의 잎줄기가 나오고 여기에서 석 장의 잎이 나오며 잎은 세 갈래로 갈라진다. 꽃잎이 없고 꽃받침이 꽃잎처럼 보인다. 한낮 햇살이 있을 때만 잠시 꽃을 활짝 피울 수 있다. 한방에서는 죽절향부라 하여 사지 마비, 요통, 종기 등에 사용하였다고 한다. 그리스 전설에서 꽃의 여신인 플로라의 하녀 아네모네가 바람의 신 제피로스와 사랑을 함에 따라 여신이 질투하여 하녀를 꿩의바람꽃으로 만들어 버렸다고 한다.

게으름뱅이 봄 처녀 산자고

산자고
중부지방 이남의 양지바른 들과 산에서 자란다. 물구, 물굿, 까치무릇이라고도 하며 한자로는 귀정경, 금정초, 녹제초, 모하고, 무의초 등 다양한 이름이 있다. 흰 바탕에 자주색 선이 있는 꽃이 특징이며 가지 끝에 하나씩 핀다. 비늘줄기는 식용하며 뿌리는 뭉친 곳을 풀고 염증을 제거하는 해독 기능이 있다. 최근 식도암, 유선암 등 각종 암 치료의 약리작용이 있는 것으로 연구되고 있다.

늑장 부린 것치고는 화려하게 차려입지 못하고
그렇다고 추해 보이지는 않는 모습이지만
기다린 사람들에게는 크게 환영받지 못하리라

서두르기는 언제 적부터 깨어나 준비했는데
위아래 옷을 비교하며 입어 본 것이 수백 번
그리고 바탕색과 무늬 대비한 것도 수천 번
결국 노란 저고리와 흰 치마에 보랏빛 한 줄

이른 봄 피어나는 꽃은 모두 봄 처녀라 하는데
혼자만 봄 처녀인 줄 알고 게으름 피운데다가
현란한 빛의 복수초, 솜털 보송보송 각선미 노루귀,
우아한 자태의 변산바람꽃, 모두 모두 특기 있지만
산자고는 긴 덩치 말고는 쓸 만한 무기하나 없다

더욱 웃긴 것은 봄 처녀란 꽃말 위해 수줍음 표시한다며
햇볕 있는 시간에만 꽃을 열고 다른 땐 닫는다고 한다

그래도 며느리 등창 고통 덜기 위해 시어머니 정성 들여
산자고 찾아내 뿌리 찧어 붙여 준 자애심의 상징이라
생긴 모습 수수함은 사치와 낭비에 대한 경각심으로 보고
각종 약재 사용함은 인간에 대한 실용적 봉사일 것이다.

참개별꽃의 호흡

어느 숲 속
삭아가는 그루터기 옆에서
조용히 싹 트인 후
하늘 향해
큰 숨을 내 쉰다

별로 별 같지 않은데도
별꽃 이름 붙은 게
영 맘에 들지 않지만
숲 속에 앉아
명상하는데 무슨 상관이랴 한다

비록 몸은 낮아도
땅과 하늘을 연결하는
토납법 익히다 보면
그땐 진짜 별이 되어
낮에도 보이는 은하수 만들 것이다.

참개별꽃

산지의 숲속에서 자라는 여러 해 살이 풀로 제주도, 경남, 경기지역에 분포한다. 줄기는 25cm 정도로 뭉쳐나며 여러 개의 꽃을 피운다. 보통 "개-" 자가 들어가면 격이 낮은 것을 인식하나 개별꽃 종류는 별꽃 보다 크기도 크고 모양도 더 멋진 모습을 하고 있다. 잎과 줄기는 순하여 나물로 무쳐먹기도 하고 위장병, 치질 등의 처방전에 들어가며 뿌리는 인삼을 닮아 태자삼이라 부르는 기 보충 약재로 중요하게 쓰였다.

꽃 표현 개탄하는 진달래

진달래 한창 꽃 피우면
봄이 무르익었을 것이리라
그래서 연분홍 치마가
가슴을 설레게 해야 한다

그런데 너무도 뛰어난 시인이
만남을 노래해야 할 꽃에
이별이란 슬픔 주고
인내의 한을 불어넣었다

꿈을 상징해야 할 봄꽃이었지만
진 씨 나무꾼이 딸 달래 안고 죽었다는
입으로 전해지는 전설도
진달래의 한탄을 자아내게 한다

부드럽고 연약한 꽃 색깔인데
나라 찾지 못해 죽은 왕이
두견새 되어 진한 피 토한 것이
어찌 이 빛과 같으냐고 소리도 쳐본다

진달래는 그리움과 희망 불어넣고
꽃말은 사랑의 희열이라 하니
두견주와 화전이라는 음식으로
올핸 심기일전해보자고 한다.

진달래
봄이 되면 야산을 붉게 물들이는 것은 진달래꽃이다. 진달래꽃은 마음을 밝게 하여 봄의 희망을 주고 일 년의 꿈을 꾸게 한다. 그러나 얽힌 설화는 대부분 비극적이다. 우리나라에서는 진 씨 성을 가진 나무꾼이 다리를 다친 하늘나라 선녀를 치료해 준 인연으로 결혼하여 살다가 달래라는 딸을 낳았는데 고을 사또가 달래를 원했지만 달래가 거절하여 죽임을 당하자 나무꾼이 달래를 끌어안고 죽었는데 그 곳에서 나온 꽃이 진달래라 했고 중국에서는 억울하게 나라를 잃은 왕이 죽어서 두견새가 되었고 그 두견새가 울면서 피를 도한 곳에서 나온 꽃이 진달래라 했다. 김소월의 시 "진달래 꽃"도 이별과 한 그리고 인내를 상징하고 있어 진달래의 봄 꽃 의미가 달라지고 있다. 그래도 진달래술과 진달래 꽃전은 좋은 이미지를 갖게 한다.

돌단풍의 희망

차가운 겨울 바위 틈바귀
암흑 속에서 두려움만 키우다가
숨 막히는 좁은 공간 탈옥
끈질긴 생명력 발휘해
봄의 세계를 보게 된다

단풍잎 모양 어린 손으로
부르르 떨며
돌부리 움켜쥔 채
찾아오는 벌 모습 바라보더니만
그만 감격에 겨운 노래 시작한다.

돌단풍
돌나리라고도 하는데 잎 모양이 단풍잎과 비슷하고 돌이 많은 곳에서 난다 하여 돌단풍이라는 이름이 붙었다. 습기가 많은 냇가나 계곡의 바위틈에서 잘 자라며 척박하고 좁은 땅에서 생명력을 유지한다하여 희망을 상징한다.

현호색의 호소

등산객이여
제발 밟지 말아 주어요
낙엽 사이에서 겨우 나왔답니다

발밑을 보아요
여인의 입술처럼 살짝 열린
봄의 우아한 자태가 보일 겁니다

천천히 걸어요
비밀 담긴 이 보물주머니
한 달이 지나가면 사라진답니다

눈여겨봐 주세요
색깔도 종류도 다양하지만
산을 찾는 사람 환영만은 같답니다.

현호색
산 속의 토양이 비옥한 곳에서 자란다. 그리스어로 종달새란 뜻을 가진 것처럼 꽃의 끝이 종달새 머리 모양을 닮았다고 한다. 겨우내 참고 견디다가 봄에 힘들게 나왔지만 1개월이면 완전히 사라져 버린다. 연한 홍자색과 노란색 및 흰색 등 다양한 색상의 종류가 있으며 덩이줄기는 모르핀과 같은 정도의 강한 진통작용을 한다고 한다.

수다쟁이 · 양 · 지 · 꽃

동틀 때면 오늘 이슬 어떻고
한낮엔 구름 모습 저떻고
벌 날아오는 속도
나비 앉는 자세
동물 걸어가는 발걸음
보이는 대로 트집 잡아 종알댄다

햇볕 드는 양지 녘에 모여 앉아
노란 얼굴 흔들며
사랑 타령부터 시작하더니
옆집 식물의 세간 살이 흉을 거쳐
지나가는 인간도 평하다가
어느새 달과 별까지 갖고 논다

겨울 보내느라 땅속에서 참았던
묵은 기운 뱉어내야 하고
비 온 후의 우중충함도 벗으려
애써 밝은 미소 보이려는 수다
사랑스러움의 꽃말 그대로
사랑스럽다 하리.

양지꽃
소시랑개비나 위릉채 등의 이름도 있으며 봄에 피는 꽃이지만 남부지방에서는 일 년 내내 모습이 보인다. 햇볕이 잘 드는 산기슭과 풀밭에서 모여나고 밝고 화사한 아름다움을 보여준다. 잎과 줄기는 위장약으로 사용되고 뿌리는 지혈제로 이용된다고 한다.

숲 속의 노란 별 중의무릇

산비탈에 서 있는 모습
너무나 불안스러워
지지대라도 받혀주고 싶다

빛이 보여야
숨을 쉴 수 있는
숲 속의 노란 별이라 하니
나무 그늘 없애려
전정이라도 해 줘야 할까 보다

저렇게 연약한 몸이
어떻게 언 땅 뚫고 나왔을까

봄꽃임에도
화려하지 못한
산 중 스님의 모습이라
오로지 수행으로만
강인함을 터득한 것 같다.

중의무릇
산과 들의 부엽질이 많은 반그늘에서 서식한다. 햇볕이 많은 한낮에만 꽃을 피우는데 6개의 황색 꽃잎 뒷면에 녹색의 빛이 돈다. 한방에서는 비늘줄기를 정빙화라고 하여 심방질환에 사용한다고 한다.

조용히 춤추는 살갈퀴

긴 소매 뻗어
허공 한 번 움켜쥐다가
흔들리는 자세 바로잡곤
부끄러움에 상기된 채
얼굴 감추려 고개 숙인 살갈퀴

고깔 쓴 김에
억지로 승무 춤추어 보지만
너울너울 푸른 치맛단
홍조 띤 볼이 너무도 아름다워
태평무로 변해 보인다

길가 잡초라 한들
주어진 임무 감당 못하랴
험한 이름 붙었다고
인간에 이로운 일 못할쏜가

들려오는 바람의 곡조 따라
흥겨운 율동을 창안
사랑의 아름다움 실어
누가 보아주든 말든
조용히 춤사위 던지는 살갈퀴.

살갈퀴
산과 들의 풀밭에 많이 분포되어 있다. 잎은 3갈래로 어긋나게 나고 줄기 끝은 덩굴손이 되어 퍼져 나간다. 일반적으로 잡초 취급받고 있으나 일부 애호가들은 덕음차나 효소 또는 건강용 죽 재료로도 활용하는데 본래 가축의 사료용으로 재배되었다고 한다.

길 밝혀주는 장딸기 꽃

한 길가 바닥에 엎드려
땅속 길게 전선 깔고
중간마다 가로등 설치하듯
줄기 끝에 큰 꽃 피워
하얀 불빛 밝혀준다

어두운 밤이 되면
달빛 반사해
발바닥 닿는 곳 불 밝혀
집중력 강화 유도
안전사고 방지한다

밝은 대낮에도
햇볕 따라 음지 양지 만들어
길 가는 사람들
마음속 스며들며
바른길 가도록 인도한다

장딸기의 흰 꽃은
인간이 가는 길에
언제나 잘 못됨이
없기만을 바란다.

장딸기

땃딸기라고도 하며 남부지방의 바닷가 야산에서 주로 자란다. 물 빠짐이 좋고 햇볕이 잘 드는 땅을 좋아하는데 꽃이 찔레꽃과 유사하지만, 찔레꽃보다는 크고 흰색 빛도 더 강하다. 덩굴줄기는 찔레보다 작고 땅에 낮게 깔리며 땅속줄기를 따라 번식한다. 열매는 여러 종류의 딸기와 비슷하게 생겼으나 복분자보다는 작고 맛도 약간 차이가 난다. 뿌리와 잎은 열과 독을 내려주는 용도로 사용된다.

머위 꽃의 준비

봄엔 쌉싸름한 입맛이 필요하다며
겨우내 묵었던 입속 소제와
들척지근한 혀의 반성
그리고 기름기로 가득 찬 뱃살 개선 위해
각종 재료 준비 시작한다

입에 쓴 것은 보약이니
봄나물엔 머위 무침 최고이고
머윗대 된장국은 묵은 질병 몰아내며
이파리 고기쌈은 맛으로도 일품
꽃 순 튀김도 좋긴 하다만……

머윗대 손질하는 아낙네 손끝에서
봄을 다루는 솜씨 보이며
머위 잎 펼치는 진지한 표정은
한 해를 준비하는 마음 다짐이라
그렇게 봄은 무르익는다.

머위
산지의 습기가 있는 곳에서 잘 자라며 집 주변에서도 재배한다. 땅속 줄기로 뻗으며 사방으로 퍼진다. 이른 봄에 잎보다 먼저 꽃줄기가 나오는데 꽃 이삭은 커다란 포로 싸여 있고 넓은 잎은 톱니가 있다. 잎자루는 산채로 식용하고 뿌리는 진해, 해독, 소종, 인후염 등에 사용된다고 한다.

솜나물

마른 잎(솜처럼 털이 많이 난)이 불을 붙이는 솜 대신 용도로 사용했다 하여 부시깃나물이라고도 하며 떡을 해 먹는 떡취 또는 까치취나 대정초등의 이름으로도 불린다. 산과 들의 양지에서 자란다. 이른 봄에 꽃대가 먼저 나와 꽃을 피우지만, 열매는 맺지 않고, 봄에 지고 난 몸에서 다시 폐쇄화인 가을꽃을 피운 후 이곳에서 열매가 열린다. 햇볕이 있어야 꽃이 피고 빛이 없으면 꽃잎이 오므라든다.

봄볕 있어야 노는 솜나물

땅 따먹기 놀이인가?
엄지공주들이 바닥에 앉아
정신없이 놀이에 열중하지만
구름이 봄 햇볕 가릴 때면
쉬는 시간 갖고 잠깐 낮잠 자기도 한다.

디스코 추는가?
솜나물은 바람이 오기만 하면
온몸 흔들며 춤추기에 바쁘지만
저녁 되어 해 넘어가면
내일의 봄볕 기대하며 어둠 속에 잠든다.

갯무

무가 야생화한 식물로 무보다는 뿌리가 가늘고 잎도 작은 반면 줄기가 높게 자라고 꽃도 아름다운 편이다. 남부지방 특히 제주도의 바닷가와 길가에서부터 야산과 들에 이르기까지 점차 확산해가는 추세다. 모래밭 같은 척박한 땅에서도 잘 자라며 봄에 유채와 더불어 화려한 꽃밭을 만든다. 연한 자주색과 흰색이 주종을 이루지만 혼합된 색깔의 꽃이 많으며 1개월 이상 피어 있다. 어린잎은 나물 등으로 식용하고 뿌리는 약재로 사용된다.

갯무의 회상

파도가 수다 떠는 시기 돌아오면
행여 고향소식 있지 않을까
목 빼고 귀 기울이며 듣다 보니
얼굴엔 그리움의 실핏줄
뿌리는 땅을 움켜쥔 향수
애틋함만이 전신을 휘감는다

바람 따라 자유롭게 산다는 것
젊음의 한 때였더라

집 나온 때가 언제였는지
살던 곳은 꿈속으로 들어가 있고
척박한 땅에 적응하느라
온몸이 변신함에
누구냐고 묻는 말에도 답변 못한 채
하늘보고 휘파람만 불어야 하나

봄이 가면 잡초취급 받을 터이지만
이 순간만은 즐기자는
이주 동반자 유채꽃의 격려에
사무치도록 보고 싶은
가족의 얼굴들만 바다 위에 그려본다.

흰대극의 밝은 미소

꽃이 참 곱상하다
곱지 않은 꽃이 어디 있으랴만
아름답다고 하지 않고
곱다고 한다면 그만한 이유 있으리라

꾸밈없는 미소가 좋다
바닷가 야산에 앉아
가슴에서 피어오르는
벅찬 감동 표현하는 미소가 살갑다

봄날을 환하게 밝혀 준다
꿈과 희망 품으라며
살갈퀴와 색조 맞추어
맑고 밝은 미래의 빛을 비춰준다.

흰대극
어두운 바다를 향해 섬에서 불을 밝혀주는 등대 모습이라 하여 등대풀로 불리는 식물의 꽃과 유사하다. 노랑등대풀, 노란대극 등의 이명도 있는데 잎의 뒷면에 흰색 모습 나타나 흰대극으로 호칭하는 것 같다. 주로 도서지방의 해안가 언덕이나 야산에서 자생하며 아주 평범하면서도 눈에 잘 뜨이지 않는 야생화이다.

뽀리뱅이 닮은 사람 있는가?

배고픈 거지 곁에 불쑥 솟아오른 음식
몸 아픈 할멈 앞에 나타난 한의사
목마른 나그네에게 물 한 바가지 떠 주는 처녀
낙담한 백성에게 희망을 주는 천사
이름조차 토종이라는 느낌을 갖게 하면서
수행하는 역할이 배달민족적이다

길가나 밭둑 그리고 들녘을 서성이며
부끄럼 많이 타 숨길 잘하고
작고 볼품없이 생겨 외면도 당하는 존재지만
그 깐 외로움 극복할 수 있다면서
순박함과 성실성을 언제나 유지한 채
어려운 사람 찾아 그 주변에서 맴돈다.

뽀리뱅이
항가채, 박조가리나물 등의 이름도 있으며 민들레, 냉이, 씀바귀 등과 유사하게 생겼다. 논두렁 밭두렁에서 많이 자라는 편이고 보릿고개 시절 어린잎을 나물이나 묵으로 식용했으며 된장찌개로도 사용되었다.
뿌리와 줄기에서 하얗고 끈적끈적한 액체가 나오는데 일부 식물에서 나오는 흰색의 유액은 항암성분이 있다고 하는 것처럼 뽀리뱅이도 감기나 목이 아플 때 그리고 결막염이나 관절염에도 유용하게 사용되었는데 최근에는 항암제로 적극 개발 중이라고 한다.
순박함과 성실의 꽃말을 가진 노란색 설상화는 햇빛이 나오면 꽃이 열리고 저녁에는 닫는 습성이 있다. 뽀리뱅이라는 이름은 보리냉이에서 나왔다는 말과 "기다란 줄기 끝에 달리는 꽃"이라는 해석도 있지만 오랜 옛날의 가림토언어와 같은 우리 민족 토속적 용어로 추측된다.

개자리
유럽에서 시작되어 전 세계에 퍼져있다. 본래 풋거름이나 목초자원으로 들어왔다가 씨가 퍼져 야생이 되었다 한다. 줄기와 잎은 땅바닥을 따라 기면서 넓게 자라는데 길가나 빈터 그리고 야산과 들에서 식생 한다. 아직은 전국적으로 많이 분포되어 있지는 않지만, 번식력이 강해 앞으로는 곳곳에서 볼 수 있을 것으로 예상되어 진다.

아무 생각 없는 개자리 꽃

하늘에 떠다니는 저 솜덩이 구름이라 할 것이요
멀리 솟아 있는 저것은 분명 산일 것이고
산 아래 펼쳐진 땅은 평야라 하며
구불구불 흐르는 푸른 물은 강일지니
몸은 비록 작아도 큰 것만 보인다

양을 위한 목초인데 양 없는 땅에서
이리저리 방황하는 줄기 따라
노란 꽃 피워봤자 알아주는 것은 개미뿐
따사로운 태양 그늘 곁에 눈을 떴다 감았다
나른한 영혼 일어나더니 아지랑이 되어 사라진다.

봄맞이꽃의 단체 놀이

유치원생 어린이들
단체로 뛰면서 놀이하는 모습
멀리서 볼 땐
옷차림 갖고
키 모양 비슷
모두 다 같은 아이인 줄 안다

어린이들 노는 장면
유심히 살펴보니
키나 덩치가 다르고
움직임 각자 개성 있으며
얼굴 생김새 물론 구분되니
봄부터 차이가 나기 시작한다.

봄맞이
볕이 잘 드는 산기슭의 풀밭이나 밭둑에서 자라며 동전초로도 불린다. 몸 전체에 털이 나고 촘촘한 잎 사이에서 여러 개의 꽃줄기가 나와 4–5월 흰색의 꽃이 집단으로 핀다. 꽃잎이 5개로 보이나 사실은 한 개의 꽃부리가 깊게 패인 것이다. 어린잎을 데쳐 양념에 무쳐 먹기도 하고 된장국에 넣어 먹었다고 한다. 꽃을 그늘에 말려 차로 끓여 마시기도 한다.

자주괴불주머니

괴불은 오래된 연뿌리에 달리는 열매로서 귀신을 물리치는 벽사의 의미가 있다고 하는데 이 괴불을 넣는 것이 괴불주머니이다. 괴불을 상징하는 솜을 넣어 꼼꼼히 꿰맨 주머니를 어린아이들에게 차고 다니게 하였다고 한다. 봄에 꽃 피우는 2년생 초본 괴불주머니는 습기가 있는 양지나 그늘진 곳의 야산에서 자생하는데 요즈음에는 들녘과 민가의 풀숲에도 지천으로 널려 있다. 주로 남쪽 지방에 나고 있지만, 중부에서 북부로 확산해 가는 추세이고 꽃의 색깔도 노란색, 흰색, 자주색, 보라색 등 다양하다.

자주괴불주머니의 자랑

무슨 보물 넣었는지
야산에서 내려와
들녘에서 뽐내더니만
이젠 길가 풀숲까지 자리 잡아
여러 주머니 흔들며
자랑한다.

무슨 비밀이 담겼는지
알듯 모를 듯 냄새 풍기고
이 색 저 색 꽃 색깔 바꾸면서
바람결에 홀리며
벌 나비 애간장 태우는
그 이름 자주괴불주머니.

족두리풀
취방울과 소속답게 쥐방울만 한 통꽃이 달리는 산속의 약초이다. 크고 넓은 잎을 들춰야 족두리 닮은 보라색 꽃을 찾을 수 있는데 대부분 꽃이 벌과 나비를 매개체로 하는데 반해 족두리풀은 땅 위에 사는 딱정벌레를 매개곤충으로 삼기 때문에 땅에 바짝 붙어 꽃 머리를 아래로 늘어뜨린다. 모든 부분이 쓰기 때문에 한방에서는 세신이라 부르는데 열매는 콧물감기에, 뿌리는 발한, 거담, 진통, 두통, 소화불량 등의 치료제로 쓰인다.

족두리풀의 슬픔

쥐방울 모자 너무 무거워
한평생 고개 숙인 채
땅바닥만 바라보며
눈물 흘리다
온몸에 보랏빛 멍이 든
족두리풀 꽃의 사연

시집가는 날 족두리 쓰니
수줍음이 아름답다고

그건 아닌데

연지곤지 덧붙여
일생에 멍에 걸은 것

족두리 하나 때문에
사랑이란 뭔가
꿈도 잃어버리고
별을 보았던 추억도 없이
백발 되어 버렸다.

금창초의 희생정신

편하게 앉아 쉬세요
그댈 위해 이렇게 꽃방석 되어 있네요
땅바닥 배기지 않기 위해 쿠션 만들어 놓고
있는 실력 모두 발휘해 예쁜 수도 놓아 보았답니다

자줏빛 색으로 멍들게 하였다 부담스러워 하지 마세요
태어날 때부터 멋스럽게 갖고 나온 것이니까요
엉덩이로 바짝 눌렀다 걱정하지도 마세요
바닥을 기는 습성 갖고 있답니다

쉬는 동안 상처 난 곳 있으면 말해 주세요
이 몸 찧어 바르면 깨끗하게 낳는 답니다
그대가 아픈 곳 나을 동안 마음도 편하게
찢어진 입술들이 모여 합창해 드리렵니다.

금창초
들판과 산기슭에서 땅바닥을 기며 자라고 방석처럼 무리지어 보라색 꽃을 피운다. 꽃의 윗입술이 너무 작아 보이지 않고 아랫입술은 세 가닥으로 갈라졌다. 참사랑과 희생이라는 꽃말을 갖고 있으며 어린순은 나물로 식용했다. 금창이라는 뜻은 칼이나 창으로 난 상처를 말하며 옛날 민간에서는 상처 난 곳에 금창약을 만들어 사용했다고 한다. 한방에서는 백모하고 초란 약명으로 기침, 가래, 천식, 인후염, 장출혈 등의 약재로 쓴다. 금란초, 섬자란초, 근골초, 가지조개나물 등의 다양한 이름도 있다.

광대수염이라 한들 어떨까!

우리 모두 광대로 태어나
어릿광대 같은 한평생을 살면서
스스로 광대라 생각해 본 적 있는가?

우리 모두 부족함이 많은데
모자람의 상징인 광대의 삶이
바로 자신의 반영이라 느껴 보았는가?

광대란 말에 수염까지 붙여 보았다.
때론 좀 더 망가져 보는 것이
자신을 찾는 지름길인지도 모른다.
무언가 허전함에 몸서리치다 보면
공허를 메우기 위해 자신을 돌아보게 되고
광대같이 살아가는 현실을 깨달아
진정한 자아에 접근하게 된다.

광대수염의 허허한 꽃잎에서
어제 오늘 내일을 보게 되면
광대같이 살아가는 나를 알게 된다.

광대수염
산기슭의 그늘진 곳에서 자라는 야생초이다. 꽃잎에 점이 있는 모양이 광대 같고, 잎자루와 줄기의 겨드랑이 사이에 긴 수염처럼 생긴 돌기가 나와 광대수염이 되었다 한다. 생약명으로 야지마라 불리며 줄기와 잎은 들깻잎 닮아 튀김과 나물을 해 먹고 꽃잎은 비뇨기과 질환에 사용된다.

ORCHID

숲 속의 암향 새우란

숨은 것인가
알리려는 것인가
바위를 넘어
나무 사이 돌아 나오는
암향 있는 듯하다

산 어느 편에 사는
요정의 향수인가
등산객 가슴
울렁이게 하는 무엇 있다

잠시 멈칫했던 발걸음
다시 가게 되지만
영혼 깊숙이 파고든 내음
그게 무엇이었든가
자꾸만 의식하며
또 한 번 뒤돌아다본다.

새우란

남부지방의 숲 속에 자라는 야생란이다. 잎이 긴 타원형 모습이며 양 끝이 좁고 주름이 잡혀있다. 긴 꽃대에 8~15개의 꽃이 피며 꽃 색깔은 흰색, 녹색, 황색, 담황색등 다양한데 황금색의 꽃이 있는 것을 금새우란이라 불린다. 뿌리줄기가 새우 몸통 같다고 하여 새우란이라는 이름이 붙었다 하나 숲 속에 사는 새우라 잘 이해하기 어렵다. 꽃말은 미덕 또는 겸허와 성실을 거론하며 뿌리 줄기를 강장제와 편도선염 및 타박상에 쓰인다고 한다.

산중 여인 친구 으름꽃

산에서 사노라니
조약돌 하나
잡초 한 포기
모두 다 친구이고
새와 곤충
멀리서 들리는 물소리
하늘의 구름까지
마음과 벗하고 있는데
슬금슬금 다가와
어느새 꽃 피운 으름덩굴이
슬쩍 약을 올린다.

으름꽃 애틋한 향기로
참선에 든 여인 마음
울렁이게 하더니
열매 벌어지는 모습 상기시켜
얼굴 붉히게 하고
코리아 바나나까지 들먹이게 해
숨어 있던 여성을
일깨우게 하는
심술부린다.

으름덩굴

산속에서 다른 나무를 타고 오르거나 돌무더기를 기어오르며 자란다. 꽃의 향기가 진하고 좋아 옛날 여성들이 향낭을 만들어 으름 꽃을 넣어서 다녔다 하고 열매의 벌어지는 모습이 여인의 성기와 닮아 임하부인이라 불렀다 하며 열매 속살이 바나나처럼 생겨 코리아 바나나란 애칭도 붙었다 한다. 어린순은 나물로 무쳐 먹고 줄기는 바구니 등 생활 도구를 만드는 데 사용하였지만, 요즈음은 줄기와 와 잎을 관상용 또는 꽃꽂이로 활용한다. 줄기가 구멍으로 통해 있어 통목이라는 고유명칭이 있고 12 경맥을 통한다는 의미로 통초라 부르기도 하는데 뿌리를 중심으로 한 한약재로 사용함에 있어 혈압, 강심, 이뇨, 방광염, 모유 발달, 통맥 등의 주요 재료가 된다고 한다.

줄딸기
산기슭과 골짜기의 양지 바른 곳에서 자라는 식물로 덩굴딸기 등 많은 이름이 있다. 열매는 집합과로 7~8월 붉게 익으며 신맛이 있지만 먹을 수 있으나 줄기에 갈고리 같은 가시가 많이 나 있고 잎에도 겹 톱니가 있어 채취 시에 손을 다치기 쉽다. 복분자, 멍석딸기, 장딸기 등의 꽃과 열매가 구별된다.

줄딸기의 순한 꽃

4월을 보낼 무렵엔
태양도 한 창 달구어질 시기
나무는 진한 녹음 준비 마쳤고
땅에서 나온 독사도 약이 올랐다

그러나
줄기 뻗고 가시 다듬기 바쁜 줄딸기는
무슨 사연 있는지
한 줄기마다 하나의 꽃만 피우고
청순가련형의 꽃 색깔 유지한 채
다소곳한 모습이다

누굴 기다리나
한 여름철 딸기 열릴 때
욕심 많은 인간 혼 내주기 위해
유혹의 자세 익히는 듯 하다.

개감수
산과 들에 나는 다년생 초본식물이고 양지나 반음지의 비옥한 토양에서 자란다. 작은 녹색의 꽃이 쉽게 눈에 띄지 않고 오히려 주변 잎이 꽃처럼 붉게 변해 꽃과 잎의 구별이 잘 안 된다. 줄기에서 희색 유약이 나오는 독성이 강한 식물이다. 한의학에서는 감수, 낭독이라는 이름으로 수종, 림프선염, 당뇨, 치통 등의 치료제로 쓰인다고 한다.

개감수의 한없는 꽃 사랑

우리 꽃은 왜 이리 작을까?
꽃 주변 잎이라도 꽃처럼 보이게 하자.

우리 꽃은 왜 이리 볼품없게 생겨났나?
꽃받침 잎이라도 멋진 모양 만들어 폼을 잡아 주자.

우리 꽃은 왜 꽃다운 아름다운 꽃 색깔 없다더냐?
꽃 대신 잎이라도 붉은 색칠해 꽃인양하고 벌 나비 유혹하자.

자식 사랑은 후손 보존이니 못 난 자식 그대로 놓아둘쏜가!
내 새끼 못난 것 내 탓도 있으니 모든 것 감수할 수밖에 없는 신세가 되었도다.

청미래덩굴도 꽃 피운다네

저기 넝쿨에 달려있는 빨간 열매가 뭔가
멍가라지

멍가가 뭔가
멍개, 망개, 명감 뭐 뭐 같은 말이라네

이뻐 보이는데 먹을 수 있는가
탐이 나면 직접 먹어보지 그러나

이른 봄에 새순을 먹어보긴 했는데
뿌리부터 잎과 열매까지 모두 먹긴 한다네

망개떡 싸는 이파리가 저것인가 보군
산에서 볼일보고 쓰기도 하지

꽂도 피는가
부끄럽지 않을 만한 꽃을 피운다네.

청미래덩굴
옛날 어떤 한량이 몸을 마구 쓰다가 매독에 걸려 죽어 갔는데 부인이 화가 나서 산속에 버렸다. 그런데 죽은 줄 알았던 남편이 몇 달 후에 멀쩡하게 돌아와서 알아보니 산에서 어떤 덩굴 뿌리를 캐어 먹고 연명을 하고 병도 나았다고 한다. 그래서 산귀래라는 명칭도 있고 단단한 밥이라 하여 경반, 신선이 내린 선물이라 하여 선유량이라는 말도 있다. 한방에서는 뿌리를 토복령이란 이름으로 해독, 거풍, 관절염 등에 처방한다.

멀꿀이 준비한 꽃은 어떻고

공장을 가동해야 한다
땅에서 물을 길어 오고
태양으로부터 동력을 받은 후
바람의 힘을 빌려 힘차게 돌려보자

땅의 기운과 하늘의 영감
멋진 생산품 나올 것 같은 기분
푸른 이파리 생기자마자
내친김에 꽃까지 만들어 내자

달콤한 가을철 열매 위해
봄날의 꽃은 소임이 무거우니
너무 수줍어만 하지 않고
부지런히 벌 나비 유혹하리라.

멀꿀
남부지방의 계곡이나 숲 속에서 자란다. 제주 방언의 멍꿀에서 멀꿀이라는 말이 나왔다고도 하며(제주도에서는 열매의 단맛에 취해 정신이 멍해서 멍꿀이 되었다고 함), 단순히 열매의 속살이 꿀과 같이 달아 멀꿀이라고도 한다. 전남에서 식품원료로 인정받은 후 식용뿐만 아니라 기능성 화장품과 의약품 원료로도 연구 중이라 한다.

둥굴레의 구수한 맛

본성이 구수하면
누구와 만나도 어울릴 수 있다

시끌벅적 시장 통에서부터
고즈넉한 산사까지
장소도 가리지 않는다

갓난아이도 맛을 알고
열심히 일 한 사람 갈증 풀어주며
죽어가는 노인 입술도 축인다

두루두루 사랑은
둥굴레차의 자랑이다.

둥굴레

산속에서 재난을 당해 굶주림으로 고통 받을 때 식량 대용품이 필요하다. 둥굴레 뿌리는 땅속 깊이 박히지 않아 캐기가 쉽다. 흙을 털어 씹어 보면 약간 질긴 듯 하면서도 단맛이 샘솟는다. 점액질이 많아 끈적끈적한 느낌이 들지만 먹을 만하며 무엇보다 탈이 없다. 허기를 달랠 뿐만 아니라 당분과 비타민, 전분을 비롯한 다양한 영양물질이 많아 보약이 된다. 한방에서는 위유, 황정이란 이름으로 당뇨, 심장쇠약, 혈압, 동맥경화 등의 약재로 사용하였다.

5월 각기 다양한 색상을 선택한 꽃들

각시붓꽃
산지의 햇살이 잘 비치는 곳에서 군데군데 모여난다. 봄이 다 가기 전에 꽃과 잎이 땅에서 사라져 버리는 하고현상이 강한 식물이다. 존경과 신비한 사람이라는 꽃말이 있는데 삼국시대를 배경으로 한 전설도 전해진다. 황산벌 전투에서 신라의 사기를 북돋아 주기 위해 용감하게 단신으로 적진에 들어가 싸우다 죽은 소년 화랑 관창, 그 관창의 정혼녀가 영혼 결혼을 한 후 죽어 관창의 곁에 묻히게 되고 그래서 생겨난 꽃이라 한다.

각시붓꽃이 쓴 글

붓을 들어
이슬 듬뿍 찍은 다음
허공을 화선지 삼아
장문의 편지를
올곧게 써 놓았다.

알리고 싶은 사연
얼마나 절절하기에
가슴까지 보랏빛 멍이 들며
보이지 않는 글을
저리도 써 놓았을까?

각시의 아름다운 수줍음
애써 감추고
낭군에 대한 숭고한 사랑
과감히 표현한 글이
굽이굽이 펼쳐져 있나 보다.

솜방망이의 느낌

누구는 샛노란 화려한 꽃이라 하고
누구는 소박하다 표현한다
힘 있는 꽃대의 강한 의지가 보인다는 사람 있고
봄날 오후의 나른한 모습이란 사람도 있다

보는 사람은 솜방망이 처벌이라 하고
맞은 사람은 쇠몽둥이처럼 아프다고 하는데
솜으로 만든 방망이 본 사람조차 없다

야구장에 솜방망이 들고 나온 타자 없었고
권투 링에 솜방망이 글러브 껴 본 선수 없었는데
걸핏하면 솜방망이 갖다 붙인다

아무렴 어떠하랴
솜방망이의 꽃은 무념무상한 채
고귀하다는 말도 천박하다는 말도
똑같은 느낌으로 받아들인다.

솜방망이
구설초 또는 풀솜나물로도 불리며 야산과 들녘의 건조한 양지에서 자란다. 전체적으로 거미줄 같은 솜털로 덮여있어 솜방망이라는 이름이 붙었으며 산할아버지라는 꽃말을 갖고 있다. 어린 순은 나물로 먹고 줄기와 꽃은 진해, 거담, 해소, 기관지염, 인후염 등의 약재로 쓰인다고 한다. 백혈병 치료제로도 연구 중이다.

청보리

씨 뿌려 거둘지니

시인이여!
너무 슬퍼하지 마세요
시대가 바뀌면 삶의 방식도 변한답니다
보리가 우리 조상의 양식이었던 점
부정할 순 없지만
이젠 추억 속으로 사라져가고 있다는 것은
현실이랍니다
그렇다 해도 보리의 순환에 인생을 대입시켜
인성을 일깨운 시인의 공로는 변하지 않고
길이길이 남을 것입니다

시인이여!
하늘 보고 한숨짓지도 마십시오
청보리란 말, 새로 생긴 용어 맞습니다
감성을 자극한 돈 벌이용이란 지적
아니라고 부정하지는 않지만
중생의 무너져 내리는 정신에 도움 준다면
보리도 기쁠지 모릅니다
씨 뿌려 거둔다는 그 말이
눈에 안 보이는 정신적 수확을 얻는다는
새로운 해석 나와 각광받을 수도 있답니다

시인이여!
그냥 웃고 바라봅시다
요즘엔 농부 대신 관에서 씨를 뿌린답니다
보리밭 사잇길을 소 몰고 가는 것보다
알록달록 관광객 걷는 모습 기대하고
아이들 보리밭에서 꿈을 꾸게 하는 것보다
화가나 사진작가 모델 만들어 주는 것이
보리 씨 뿌리는 목적 되었답니다
그래서 청보리라는 말 나오게 되었는데
건강과 미를 위해서도 보리 사용한다 하니
우리 새로운 노래나 불러봅시다.

청보리
사전에는 없는 용어로써 보리가 수정이 끝난 후 낱알이 노란색으로 익기 전까지의 초록색을 유지하고 있는 상태를 일컫는다. 고창군에서 청보리밭 축제를 만들어 상용화되었고 완도군에서 청산도 청보리 축제를, 제주도에서 가파도 청보리 축제를 진행하고 있다. 청보리는 최근 건강식과 화장품용으로 개발되고 있는 추세이다.

예쁜 미소 짓는 구슬붕이

안녕하세요!
상냥한 인사 소리 들려 눈을 크게 뜨고
주위 둘러봐도 고요함만 있기에
가던 길 다시 가려 발걸음 옮기려는데
아뿔싸 이건 무었인가
발밑에서 천진난만한 아이들 웃고 있었네

반가워요!
이렇게 귀여운 모습 또 있을까
하늘 닮은 색 땅속에서 가져와 얼굴 밝히고
청순하고 발랄하게 뛰어놀다가
어른이 지나가자
초롱초롱 눈망울 모아 인사를 하네

큰일 날 뻔했구나!
이놈의 무겁고도 커다란 발바닥이
눈도 없고 귀도 없으니
그동안 얼마나 약자를 괴롭혔을까
이제라도 조심하며 살아가리라
참으로 고마운 구슬붕이야.

구슬붕이
토양의 비옥도가 높은 산과 들, 그리고 묘지의 잔디밭에서 자란다. 키가 2~3cm 정도에 불과한 작고 앙증맞은 모습을 하고 있다. 꽃말은 기쁜 소식이며 큰구슬붕이, 봄구슬붕이, 좀구슬붕이, 구슬붕이 등 종류가 많고 색도 하늘색, 연한 보라색, 흰색 등 다양하다. 가을에 피는 용담과도 비슷하여 애기용담으로도 불리는데 한방에서는 뿌리를 제외한 잎과 풀을 석용담 또는 자화지청이라 이라 하여 해열 해독 효능에 맞는 위장염과 소화불량을 다스렸고 민간에서는 회충약과 설사약으로 사용되었다 한다.

점나도나물
밭이나 들에 흔히 존재한다. 이채, 권이, 파파, 지갑채 등의 한자명이 있으나 점나도나물, 북나도나물, 큰점나도나물, 북선점나도나물, 각시통나도나물, 유럽점나도나물 등 순수 우리말의 이름도 다양하다. 어린 순을 나물로 먹으며 주로 가축의 사료로 이용된다. "순진"이란 꽃말을 가진 꽃은 5개의 꽃잎 끝이 갈라지는 특성을 지녔으며 가지가 많은 줄기부터 잎까지 전체적으로 잔털이 많이 나 있다. 샘털은 끈끈이를 내 보내 곤충을 잡아놓는 작용을 하는데 작은 열매가 물에 가라 않는 등 이해하기 어려운 비밀을 많이 지니고 있다 한다.

점나도나물의 비밀

점나도나물
순수한 우리말인데
우리말이 무슨 뜻인지 알 수 없어
뿌리부터 분석 시작
줄기도 갈라보고
이파리 요리조리 살피다가
꽃에 문제가 들어있는지
열매에 답이 있다는 등
우왕좌왕하다가
에이, 그만 잡초 알아서 뭐해!

무심코 지나쳐도 될 일
관심이 근심이라
편히 살라 했거늘
궁금증에 목마른 인간이란
온갖 간섭 다하다가
몸과 마음 병든 후에야
접근 금지의 진리에 도달한다

이름 하나 속에
존재의 역사가 들어 있고
본성과 생태를 추적할 수 있다지만
아닌 것도 있는데
괜한 화두 만들어 집착하도다.

금새우란의 광채

풀과 나무가 정중히 고개 숙이고
꽃의 귀빈인 벌과 나비도 범접하지 못한다

산 중에 사는 노루는 먼발치에서 바라다보고
지나가던 바람도 치맛단 걸리지 않게 조심스럽다

금새우란이 숲 속에서 황금빛 광채 밝히니
만물이 부러움과 존경의 뜻을 표한다

빼어난 자태와 고귀한 향기는
성스런 존재라 하겠다

바로 숲 속의
여제.

금새우란

표준어와 무관하게 금새우난초 또는 황금난이라고도 부른다. 한라산과 울릉도 등지의 따뜻하고 비옥한 숲 속에서 자생하는데 배수가 잘되는 토양층을 좋아한다. 희귀 및 멸종 식물 종의 하나이며 국제협약에 의해 보전되고 있다. 우리나라도 산림청이 특별산림보호대상종으로 지정하여 관리하고 있으나 일부 몰지각한 사람들에 의해 불법 채취되어 일본으로 밀수출되었고 일본에서 개량된 난이 고가로 역수입되는 실정이라 한다. 생약명으로 구자련화초라 불리며 편도선염, 임파선염, 타박상과 종기 등의 독성 제거에 사용되었다 한다.

바다만 바라보는 갯장대

해 넘어가는 바다 언덕
파도에 부서진 물 알갱이가
안개되어 바람 타고 피어오를 때면
어촌의 아낙네들
삼삼오오 언덕 위에 모여 앉아
고깃배 돌아오고 있는가
목을 길게 빼곤
초조함에 손바닥 비비면서
푸른 바다 끝 바라다보고 있다

얼마 전에 낭군 잃은 새색시는
기다릴 배 없건만
홀로 집 마루에 서서
먼발치 아낙들 본다는 것이
더더욱 마음 상할세라
바닷바람 스며들지 않게
하얀 치맛단 단단히 조여 매고
먼저 바다 언덕 올라
갈매기의 슬픈 노래 엿듣고 있다.

갯장대
남부지역의 바닷가 모래땅이나 바위틈에서 군데군데 무리지어 자란다. 잎에 털이 나고 두꺼우며 끝에 톱니가 있다. 줄기가 크고 곧게 서는 장대나물의 일종이나 해변 언덕에서 바닷바람에 견디다 보니 갯장대 또는 섬갯장대가 되어 키가 작아졌는데 봄에 피는 흰색의 올망졸망한 꽃은 해변 산책로를 장식해 관광객들에게 운치를 더하게 해주고 낚시꾼들의 친구가 되어 준다.

애기풀이 미래를 담아 피운 꽃

무엇을 뜻하는 것인가
꿈꾸고 있는 장면은 무슨 모습이고
상상하는 미래를 어떻게 표현하려 하는가

나비같이 생긴 꽃에서
우리가 무엇을 느껴야 하는가

아름다운 꽃이라 하면서
그냥 무심코 지나치면 안 되는가

아기 때는 전생을 다 기억하고 있기에
과거를 거울로 삼은
미래를 설계할 수 있다 하니
애기풀의 꽃에서 미래를 찾아야 하는가.

애기풀

초본성 반관목 즉 풀도 나무도 아닌 중간 형태의 식물이다. 주로 산지의 물 빠짐이 좋고 햇볕이 많은 곳에서 자란다. 숲 속의 작은 존재이나 나비와 같은 꽃의 형상과 고귀해 보이는 색상으로 눈길을 끌게 한다.
한방에서는 뿌리를 과자금, 풀과 잎을 영신초라고 하여 불면증, 종기, 부스럼 등의 치료제로 사용한다고 한다. 노란색의 꽃이 피는 애기똥풀과는 전혀 다른 종류로 구별된다.

지장보살 풀솜대

인간이 많다 보면
천당도 지옥도 너무 비좁아지고
착한 사람 나쁜 사람 구별하기도 어려워
인원 배정 후 추첨이라
불만 있는 사람 항상 있는 법
미리 모든 영혼 달래기 위해 바쁘다

인간은 너무 복잡해
육신을 구제하다 보니 혼이 병들고
미래를 암시해 주면 과거를 팽개치는
다스리기도 벅찬 존재

그래도 인간 사랑
어차피 인간이 만들어 낸 보살이니
모든 인간을 사랑하고 구해 주지 않으면
해고할지도 몰라.

풀솜대
지장보살이라는 애칭을 갖고 있으며 솜대, 송죽대, 녹약 등의 이름도 있다. 산지 숲 속의 반그늘과 부엽토가 많은 곳에서 잘 자란다. 작은 꽃들이 뭉쳐 하나의 하얀 꽃다발을 만들어 내는 특성이 있다. 꽃말은 "나는 당신을 믿습니다."라고 하며 꽃의 향기가 절간의 분향 냄새와 비슷해 지장보살이라고 하는 말도 있고 가뭄이나 전쟁 등으로 인한 춘궁기에 풀솜대를 곡식에 넣고 분량을 늘려 죽을 쑨 후 백성에게 나누어 주어 지장보살이 되었다는 말도 있다. 어린 순은 비빔밥과 묵나물로 먹고 뿌리의 약효는 사지마비, 종기, 타박상 등에 활용되었다 한다.

숲 속의 요정 금난초

한라산 계곡
수풀 우거지고
길도 험하고
걸리는 것은 가시덤불
발 딛는 곳은 낭떠러지
갈 곳 몰라 방황하는 신세

꿈결에 보았나
나무 뒤에 숨었다가
얼굴 반쯤 내밀고
조심하라며
살며시 미소 짓는
숲 속의 요정.

금난초

남부지방의 산지 나무그늘에서 자란다. 줄기가 40~60cm 정도 곧게 서며 잎은 6~10장이 어긋나게 올라온다. 꽃 밑에 얇은 막이 펼쳐있고 포자가 들어 있다. 꽃은 활짝 필 때보다는 반쯤 피어 있는 경우가 대부분이다. 꽃말은 주의 또는 경고라 한다.

자연산 미인 자란

여자가 예뻐 보이면
어떤 화장품 썼느냐
어느 병원 성형이냐
무슨 수술 받았느냐
의심부터 하는 세상
보이는 모습 그대로
믿지 못하게 된 현실

꽃도 너무 예뻐 보이면
시설 좋은 온실 출신이고
교잡으로 가꾸었다 하거나
외국 열대지방 수입품이라고
의심부터 해 놓고 보는 세상
현란한 아름다움의 죄로
오해받으며 사는 현실

자존심이 무척 강한 자란
자연산 토종 미인임에도
변명 한마디 없이
누가 뭐래도
흥.

자란
바위 암벽이나 풀밭의 양지 녘에서 자란다. 백급, 주란, 대암풀이라는 이명이 있고 가늘고 긴 줄기에 선명한 선이 나 있으며 꽃의 혓바닥에 주름이 잡히고 무늬가 있다. 긴 꽃대에 3~7개의 꽃이 달려 꽃꽂이용으로 선호한다. 꽃의 색에 대해 자홍색, 홍자색, 연보라색, 연자색 등으로 조금씩 다르게 불러 귀한 존재임을 나타낸다. 꽃말은 "영원히 자라는 꽃" 또는 "서로 잊지 않는다."라고 한다.

만병통치약 긴병꽃풀

긴병꽃풀의 꽃
말이 잘 안 나온다
할 말이 너무 많다 보면
정확한 표현 제대로 안 된다

한방에서 약효로 유명한 야생초
어찌 하나 둘이 아니라고 하랴마는
유달리 효험이 많다고 알려져 있는 존재
금전초란 이름으로 대용되는 긴병꽃풀이다

각종 아픔을 치료해 주겠다고 나서다 보니
꽃 입술이 갈라지고 이리저리로 째지고
그래서 아무런 도움도 주지 못할까
이젠 침묵만 지켜야 하는 존재.

긴병꽃풀
산지의 습한 반그늘에서 자란다. 꽃잎은 윗입술이 오목하고 아랫입술은 3조각 갈라지며 안에 자주색 반점이 있다. 이파리가 둥그런 동전 모습을 하여 금전초라고도 불린다. 지피식물 활용되며 향기가 좋아 천연향료 개발로도 주목받고 있다. 한방에서 장관연전초라 부르며 약효가 다양하다고 하는데, 각종 결석 치료를 비롯 황달, 감기, 근육통, 변비, 통풍, 폐렴, 결막염, 중이염, 축농증, 기침, 가래, 간염, 기관지염, 당뇨 등 거의 만병통치 수준으로 쓰인다.

개구리자리
구룡초, 놋동우, 놋동이풀, 늪바구지라고도 하며 산이나 들녘의 습기가 있고 햇볕이 좋은 곳에서 자란다. 작은 웅덩이나 연못가 그리고 논이나 개울가에서도 보인다. 유독식물임에도 어린잎과 줄기를 식용한다 하는데 독성을 활용해 다양한 치료제로 쓰인다. 생약명으로 석룡예 또는 고근이라 하며 학질, 간염, 황달, 결핵, 안면마비, 관절염, 좌골신경통 등에 처방된다고 한다.

개구리자리 있는 곳의 고요함

시끄러울 것을 예상했다가
너무도 조용하면
무언가 이상한 느낌이 든다

개구리가 침묵하니
풀벌레도 소리죽여 울고
노루가 눈만 껌뻑이는 모습에
지나가는 바람이 무슨 일인가 한다

개구리자리 하품하고 있는
나른한 늦은 봄날 오후
점점 다가오는 가뭄과 장마를
모두가 알기는 하나 보다.

나리난초
숲 속 나무 밑의 비옥한 토양에서 자란다. 잎 모양이 노루의 귀를 닮아 노루귀라는 명칭이 붙었는데 잎이 나오기 전에 꽃이 핀다. 뿌리에서 나온 솜털 달린 꽃대에 한 송이의 흰색 또는 분홍색 꽃이 핀다. 민간에서는 노루귀를 포기 째 말려 두통과 장 질환 치료제로 쓰였다고 한다.

나리난초의 춤사위

하늘 향해 뻗었다가
땅으로 내리곤
다시 허공을 감싸본다

무엇을 갈망하는 몸짓인가
바람의 살풀이 반주는 영혼으로 스며들고
장단 맞추는 새소리도 추억을 지우며
노루의 추임새조차 덧없이 들리니
속세란 이미 먼 속에 있나 보다

디딤 한 발 원망을 누르고
손끝으로 하얀 천 꿈을 날리며
학사위 지어 마음 다스린다.

미나리냉이의 순종

당신이 하는 대로 따르렵니다.

에이!
요즘 그런 여자 어디 있어
말만 들어도 가슴 울렁거리게 하네!

당신에게 모든 것을 맡깁니다.

부담스러운 말
그럴 사람도 그럴 일도 없고
그렇게 되어서도 안 되는 세상이랍니다.

미나리냉이
산지의 그늘진 곳이나 계곡과 들 변두리의 습기 있는 곳에서 산다. 작은 꽃들이 원줄기 끝에 뭉쳐 달리며 몸 전체에 부드러운 털이 나 있다. 백화새미제 또는 고뇨초라고도 불리는데 잎은 미나리 또는 삼베 잎을 닮았고 꽃은 냉이를 닮은 면이 있다. 어린 순은 나물로 먹거나 생선조림의 밑에 깔아 쓰기도 하고 뿌리는 채자칠이라 하여 백일해와 타박상 치료제도 쓴다고 한다. 꽃말은 "당신에게 모든 것을 맡깁니다."이다.

너무 솔직한 매발톱꽃

때론
멋진 모습 조금은 감춰야 하고
재산은 더 숨겨야 하며
칼은 아주 보이지 않게 해야 하는데
매발톱꽃은 너무 솔직해
있는 대로 보여준다

벌 나비에 베풀려
꿀주머니 밖으로 내미니
무기 아닌 꽃뿔 되어 무섭게 보이게 하고
미안스런 마음 고개 숙인 것이
꽃받침까지 아름다움 자랑하게 되었다

솔직한 것이 지나치면 우둔하다 하고
어리석게 보이는 것 염려스러우며
속마음 겉모습 바뀌어 보이니
행여 버림받은 여인 될까
조바심 난다.

매발톱꽃
누두채(강원), 주례꽃(제주) 등으로도 불리며 높은 산의 숲 속이나 햇볕이 잘 드는 계곡에서 자란다. 꽃 뒤로 뻗은 꿀주머니가 매의 발톱과 닮았다 해서 매발톱꽃이란 이름이 붙었으며 서양에서는 "피에르의 모자" 또는 "성모의 장갑"이라는 별칭도 있다. 본래 귀한 존재였으나 원예종으로 개발되어 꽃 모양도 조금씩 다양하게 바뀌었고 색깔도 노랑과 흰색(우둔), 붉은색(염려), 보라색(버림받은 여인), 혼합색(바람둥이) 등 여러 가지다.

소루쟁이
양제근, 솔구쟁이, 송구지라고도 불리며 물기가 있는 곳이라면 어느 곳이라도 잘 자란다. 잎은 나물로 무쳐 먹기도 하고 국을 끓여 먹기도 하는데 미역국 맛이 난다고 한다. 우엉뿌리 닮은 노랗고 굵은 뿌리는 약간 매운듯 하면서도 씁쓸한 맛이 나는데 매우 약효가 뛰어나다고 한다. 특히 종기나 부스럼에서부터 주부습진과 악성종양에 이르기까지 온갖 피부병에 특효약이라 하며 뱃속의 기생충을 죽이고 출혈을 멎게 할 뿐만 아니라 위궤양, 소화불량, 해열제, 관절염, 위암, 간암 등 각종 고질병 치료와 항암 효과가 있다고 한다.

그런대로 산다는 소루쟁이

각종 약효 있으면 뭐 하나
쓸 사람이 써 줘야지
알아주지도, 보아주지도 않으면
있으나 마나 한 존재!
차라리 좋은 성분이라도 없었더라면
그냥 잡초로 만족했을 터인데
어쩌다 약재로 태어나
알아주길 바라는 갈등만 키우면서
눈길조차 안 주고 지나가는 잠자리에게
소루쟁이는 묻지도 않은 말
"그런대로 산다."고
전해 달라 한다.

번행초의 수난

바다를 바라보며 앉아 있는 곳
적잖이 불편하다
넓은 땅 전망 좋은 곳에선
이미 떠난 지 오래
해안도로에 밀려 벼랑 끝에서
겨우겨우 붙어 있거나
바닷물 닿는 해변까지 산책로 만들어
모래밭조차 떠나야 할 신세 되었다

평생 동안 바닷바람 맞으며
척박한 땅에서도 모질게 살아왔다
칼날 같은 예리함과
태산 같은 무게를 견디어 왔고
짠물만을 먹으며 살았다
그렇게 수행을 하고 기를 닦아
온갖 능력 지니게 되었는데
몹쓸 인간들이 약효 있고 몸에 좋다며
목을 뚝 뚝 따간다.

번행초
법국파채라는 이름도 있는데 바닷가 모래땅에서 지면을 기면서 자란다. 봄에서 가을까지 잎겨드랑이에 작고 노란 꽃을 1~2개씩 피운다. 식용, 약용, 실험용으로 각광받고 있다. 어린순은 맛이 좋은 나물로 먹으며 국을 끓이거나 튀김용 또는 샐러드로도 사용한다. 한방에서는 위장병에 특효약으로 알려졌으며 위염이나 위산과다 등 각종 위장병 치료제로 사용하고 고혈압, 빈혈, 장염 등 다양한 분야에서 쓰인다고 한다. 생선의 부패를 막는데 유용하게 사용되어 천연 방부제 효능을 개발하고 있으며 각종 바이러스의 숙주가 되어 바이러스 퇴치 실험식물로도 연구되고 있다.

골무꽃이 어머니를 부른다

손끝에서 정이란 피가
송 송 솟아올라
골무 앞면에 무늬를 만들었다

파르르 떨어대는
등잔불의 그림자 때문에
바늘 끝 빗나가 손가락 찌르니
핏방울 하나 둘 새어 나오곤 했다

동정 깃 옷고름 달다
바느질 멈출 땐
골무에 눈물 떨어져
무늬를 빛나게도 하였다

골무꽃이 피면
어머니의 뭉툭했던 손끝
눈앞에 아른거린다.

골무꽃

대력초, 한신초라고도 하며 숲의 가장자리나 바닷가 낮은 언덕 등의 반그늘에서 자란다. 규방에서 감투할미라는 애칭이 붙은 골무 이름은 열매의 모양이 바느질할 때 손가락 끝에 끼는 골무와 닮았기 때문이다. 몸 전체에 빽빽한 풀이 나며 꽃은 한쪽에 치우쳐 두 줄로 피고 윗입술이 투구 모양, 아래 꽃잎은 넓고 자주색 무늬가 새겨져 있다. 꽃말은 의협심 또는 고귀함이라 하며 어린잎은 나물로 먹고 민간에서 위장염, 폐렴, 해열, 여성통 등에 사용했다 한다.

순박한 애기나리

FAIRYBELLS

온몸에 힘이 없어
구부린 자세
다리는 후들후들
고개는 들다 말다
하이얀 얼굴엔
호기심만 가득

하늘도 신기하고
땅도 새롭고
나무는 지렇게 높으며
벌은 번개처럼 빨라
이것이 세상인가
다시 보는 애기나리.

애기나리
중부 이남의 산지 숲 속 배수가 잘되는 반그늘이나 양지에서 자란다. 잎과 줄기에 비해 작은 나리 계통의 꽃이라서 애기나리라 불리는데 항시 허리를 펴지 못하고 반쯤 기울어진 상태로 서 있는다. 한방에서는 뿌리줄기를 보주초라 하여 허약체질의 해수 천식과 건위 소화제로 활용한다. 꽃말은 "깨끗한 마음"이라 한다.

사연 잃어버린 피뿌리풀꽃

생각이 안 나요
무언가 사연이 있긴 분명히 있는데
망각의 굴레에 매여 있는 탓인지
잘 기억나질 않아요
슬픈 사랑을 가슴에 안고
이역만리 멀고 먼 섬으로 와서
선홍색 핏빛 토하면서
전하고 싶은 사연
나도 몰라요

모른 척 할래요
푸르른 풀밭에 뿌려진 핏덩이 같아
보는 사람 감정 울컥 올라와
무언가 해석하려 하겠지요
그러면 어떻고
아니라 한들 또 달라질 것 없기에
치솟는 정열만을 속으로 삭인 채
이런저런 평가 받으며
간신히 살아가네요.

피뿌리풀

제주도와 북한지방 및 몽골의 들판 풀밭에서 자란다. 몽골 언어로 달랑투루(70개의 머리)라 불린다고 하는데 고려시대 제주도의 몽고지배 당시 말먹이와 같이 들어 왔다고 하거나 말의 배설물에서 씨가 배출 또는 말의 치료제용으로 갖고 왔다고 하는 등 여러 설이 있다. 꽃이 붉은 봉오리에서 흰색으로 피었다가 다시 선홍색으로 변해간다. 뿌리는 굵고 더욱 빨갛다. 특이하고 희귀한 특성 및 이식이 어려운 탓으로 멸종 위기에 처해 있는데 산림청에서 지난 2004년 증식에 성공하였고 지속적으로 제주도에서의 종자 번식을 추진하고 있다 한다. 꽃말은 "슬픈 정열"과 "툭 터진 사랑".

천진난만한 미나리아재비

앞에서 뛰어가는 아이
뒤에서 소리 지르며 따라가는 아이
넘어져 까진 무릎 보며 울먹이는 아이
이를 안타깝게 바라보는 아이
손잡고 빙글빙글 돌며 노래 부르는 아이들

바람이 들판을 마구 달릴 때면
여기저기서 피어오른 미나리아재비의 꽃들은
천진난만한 아이 되어
신 나게 마음껏 뛰어놀아 본다

5월의 태양 빛에 놀라
땅에 떨어져 버린 작은 별들이
풀밭의 노란 꽃 되어 반짝이고 있는 모습이다.

미나리아재비 우리나라 산과 들, 각처에서 흔히 볼 수 있는 식물이다. 가느다란 줄기, 높은 키에 달린 꽃자루에 1개의 노란 꽃을 피우는데 꽃잎은 5장으로 햇볕을 받으면 광채가 난다는 점에서 꽃 색깔과 모양이 비슷한 양지꽃, 괭이밥꽃, 뱀딸기꽃, 애기똥풀꽃 등과 구별된다. 큰 범주의 식물이 400여 종이고 같은 종류만도 10여 종이 될 정도로 식물분류의 기준이 되는 존재이다. 민간에서는 살충 발포약으로 사용했고 한방에서는 모랑이라는 이름으로 황달과 백태, 풍습성 관절통과 위통, 종창 등에 쓰였다 한다. 어린 잎의 모양을 따서 "말의 발자국"이라는 별명도 있고 꽃 모양을 보고 "황금이 잔"이라고도 하는데 꽃말은 "천진난만"이다.

선씀바귀 바라보며

잊은 줄 알고 있었지만
동산 위에 올라
무엇인가 찾던 그 모습과 그림자
홀연 나타나곤 하는 것은
아직도 그리워하는 것이라고
누군가 말했지

입맛 없을 땐
씀바귀나물 최고라 하면서
억지로 먹여주던 그 손

흙 묻은 투박한 손을
흰 무명천 치맛단에 닦을 때
손톱 사이 배어 나온 피가 섞이어
여기저기 무늬 만들어지던
한없는 모정의 상징
선씀바귀를 다시 한 번 바라본다.

선씀바귀
중부 이남의 산이나 들, 그리고 건조한 길가나 풀밭에서 자란다. 꽃 색깔이 흰씀바귀와 비슷하나 봉오리 맺을 때 분홍색이었다가 보랏빛으로 꽃을 피운 후 흰색으로 변해가는 면에서 약간 다르다. 고들빼기를 비롯해 20여 종이 넘는 씀바귀 대부분 쓴나물, 고채, 쌈배나물 등으로 부르며 뿌리를 식용한다. 최근 식욕증진 차원을 넘어 면역력 강화와 항암 효과, 각종 염증 제거 등 다양한 부문에서 약효를 검증하고 있다고 한다. 꽃말은 "순박함" 또는 "헌신"이다.

꿀풀

우리나라 각처 산기슭이나 풀밭 등의 볕이 잘 드는 곳에서 뭉쳐나고 가지골나물, 꿀방망이, 가지래기꽃 등의 명칭도 있는데 여름이 되면 말라 죽어 하고초라는 한방 이름이 붙었다. 4대 항암 약초 중의 하나이며 꽃 이삭을 말린 약재는 간암, 감상선암, 유방암, 위암, 당뇨, 결핵, 종기, 두통, 안과질환 등에 처방되며 소염제, 이뇨제 등으로도 사용된다 한다. 옛날부터 시골 어린이들이 꽃을 따 끝에 들어있는 꿀을 빨아 먹었을 정도의 밀원식물이었고 최근 일부 지방에서는 소득 작물로 재배하고 있다. 꽃말은 "추억"이다.

달콤한 입술 꿀풀꽃

비단보다도 더 부드러운 감촉에
천축에서 가져왔다는 향기 더해
온몸을 전율케 하는 달콤함 주니
영혼을 빼앗길 수밖에 없도다

이보다 더한 행복 바랄 필요 없고
이보다 더한 만족 있을 수 없으며
이보다 더한 사랑 꿈꾸지 않을 것이니
영원한 입술이 되어 주길 바랄 뿐이다

그러나 그 입술은 꿈이 되어 버린다
달콤했던 입술이 삭아 없어짐을 느껴
눈 뜨고 보니 해가 서산을 넘고 있으매
아뿔싸! 못다 한 일만이 걱정이로다.

해당화 마주치면

해당화
바닷가 모래밭이나 산기슭의 물 빠짐 좋고 햇볕이 잘 드는 곳에서 자란다. 홍자색 또는 흰색의 꽃은 향기가 매우 진하면서도 줄기와 잎이 가시를 돋아 내 경계심을 보인다. 한방에서는 매괴화라 하여 뿌리를 당뇨, 풍습, 진해. 건위 등에 유용한 약재로 사용한다. 꽃말은 "온화", "미인의 잠결", "원망" 등인데 여러 가지 전설을 반영하고 있다.

해당화 마주치면
바람도 없는데
모래 날려 눈에 들어간 듯
눈물이 흐른다

해당화 마주치면
바다는 아주 멀리 있는데
갯내음 다가와
코를 훌쩍이게 한다

해당화 마주치면
그리워할 것도 없는데
그리움만 쌓여가고
기다릴 사람도 없는데
누군가 자꾸 기다려진다

해당화 마주치면
잠들어 있던 오랜 추억이
파도처럼 밀려오고
잊었던 얼굴이
모래밭에 그려진다.

SEDUM ALFREDII HANCE

기분 전환 말똥비름

마음이 울적해질 땐 저를 보아주세요
햇볕 받아 반짝이는 노란 별
그대의 어두운 감정에 빛을 줄 수 있답니다

일이 잘 안 풀릴 때도 저를 보아주세요
힘을 모아 즐겁게 노력하는 모습
무엇이던 해결할 수 있다는 희망 품게 한답니다

삶이 어렵다고 느껴지면 언제나 저를 찾아주세요
바닥에 깔려 살아가는 일생
지금보다 더 나빠질 수 없다는 깨달음 줄 수 있어요

인생의 가치를 논하고 싶으면 자세히 살펴보세요
볼품없는 잡초의 근성과 긍지
당신이 살아가는 길에 이정표 되어 서 있답니다.

말똥비름

알돌나물이라고도 부르며 남부지방의 산기슭이나 논과 밭 근처 습기 있는 땅에서 자란나. 줄기를 옆으로 뻗으면서 마디에서 뿌리가 나와 넓게 퍼진다. 꽃받침 5개의 노란 꽃이 피기 전까지는 땅바닥에 붙어 있는 잡초 취급받으면서 열매는 맺지 않고 대신 잎겨드랑이에서 나오는 살눈을 통해 번식을 준비한다. 땅에서 올라오는 새싹이 말똥을 닮았다고 하기도 하고 살눈이 말똥 모습이라고 하는 등 이름에 대한 해석이 여러 가지다.

개망초
전국 각지의 산기슭이나 언덕, 길가나 빈터에서 자란다. 북미 원산지 귀화식물인데 구한말 경인철도를 건설할 당시 침목에 씨가 묻어 왔고 이 식물이 꽃 피울 때쯤 일본에 의해 나라가 망했다고 하여 망국초, 왜풀, 개망풀 등으로 불린다 한다. 강한 생명력과 왕성한 번식력으로 잡초 중의 잡초로 인정받으며 천덕꾸러기가 되어 있기도 한 반면 사진작가 등은 야생화의 미를 찾기도 한다. 한방에서 감기, 학질, 전염성 간염, 위장질환에 쓴다고도 한다. 꽃말은 "화해".

개망초 평가

저명한 철학가의
잡초학 강의 듣고파
옹기종기 모여 선 개망초 군상

저마다 분칠한 얼굴 자랑하려
고개 빼고 두리번거리다가
옆 친구와 잡담 종알종알
재미없다고 혼자서 중얼중얼
동료 어깨 기대어 졸기도 하는 존재

농부의 제초제 말에 슬픈 표정
정원사의 망국초 푸념에는 고개 갸우뚱
전원생활 가족의 친구 취급 끄덕끄덕
화가의 모델 거론 땐 흐뭇해하니
잡초와 야생화의 경계라 평가

시대에 맞는 이름 필요하다며
계란꽃 제안 나오자
다 같이 기립 박수 짝 짝 짝.

지칭개의 기다림

누구를 기다리나요
봄이 다 가도록 소식이 없자
여름도 넘길세라
허리 펴고 목을 높이 올려
먼 곳만을 바라보면서
누구를 기다리나요

그리움이란 기다릴수록 더해가는 법
스스로 만든 병은 고독한 사랑이라 하니
가슴에 멍든 상처 이마로 보내
자줏빛 섬광 만들어 주위를 비춰주면서
등대 찾아오시길 기대하나요

누구를 기다리나요
그래서 그렇게 편지 쓰고 있나요
바람님 오시면 전해 달라 부탁하겠지요
고개를 흔들며 눈물을 지으며
보고 싶다 말하겠지요.

지칭개
중부지방 이남의 산과 들에서 무리지어 자란다. 더위가 시작되면 길게 자란 줄기나 가지 끝에 작은 머리 모양의 홍자색 꽃이 핀다. 어릴 때는 냉이와 비슷하다가 꽃이 피면 엉겅퀴, 조뱅이, 뽀리뱅이 등과 비슷해지나 개망초와 뒤섞여 무성한 풀숲을 형성하기도 한다. 니호채란 생약명으로 종기, 약창, 해열, 해독, 골절, 외상, 지혈 등에 쓰인다. 꽃말은 "고독한 사랑", "독립" 등이라 한다.

인동의 금은화

허공으로 내 뻗은
구도의 촉수
구름 잡아 기둥 삼고
바람 감아 집을 지어
어지러운 미로 방
곤충들의 보금자리
촘촘히 만들더니
애증의 정기로
한풀이 꽃 피웠네
태양 볕 따가운 한여름
겨울 노래 부르며
금메달과 은메달
내친김에 동메달까지

사계절을 살면서
기후를 알고
주변의 생육 여건
맞춤의 일생
신선이 된다는데
고난이 대수일까.

인동
산과 들의 양지 바른 곳에서 나와 다른 물체를 감고 올라가며 자라는 덩굴식물이다. 반상록성으로 낙엽도 아니고 푸른 잎도 아닌 다소 마른 잎을 지닌 채 겨울을 난다. 노란 꽃과 흰 꽃을 동시에 갖고 있어 금은화로 불리는데 붉은 계열 색도 종종 나타난다. 열병을 앓다가 죽은 금화와 은화 자매의 무덤에서 생겨난 인동덩굴이 마을 사람들의 약재로 사용될 수 있어 많은 생명을 구했다는 전설이 있고 한방에서 종기, 매독, 치질, 해열, 해독, 이뇨 등에 사용한다. 술과 차의 재료도 된다고 한다. 꽃말은 "사랑의 인연", "우애", "헌신".

찔레꽃 향기

여기가 어디인가
찔레 덤불 속에 갇혔구나
가시 하나에 그리움 하나라는데
얼마나 많은 가시에 찔려야 하는가

여기가 어디인가
찔레 덤불 속에 갇혔구나
꽃잎 한 장에 눈물 한 병이라던데
몸속의 수분이 남아나질 않겠구나

이리저리 엉킨 줄기
애증의 철창살에 단단히 갇힌 채
영혼 날아가 새가 되더니만
육신은 향기 되어 남아 있구나

향기라도 퍼져라
오월의 태양 아래 널리 퍼져라
사랑의 추억 속에 한과 고통 편승시켜
중생의 주위를 맴돌게 하라.

찔레

전국 산과 들의 기슭, 냇가나 골짜기, 볕이 잘 드는 곳에서 자란다. 전형적인 한민족의 식물로 인식되고 있는 대상인데 흰색과 연한 분홍색의 꽃을 갖고 있다. 향기가 좋은 꽃잎과 어린 새순을 그대로 먹거나 생채로 무쳐 먹기도 하고 덖음차로 만들어 애용하기도 한다. 한방에서는 열매를 영실이라는 약재로 만들어 불면증, 건망증, 이뇨제로 처방하고 민간에서는 복통, 관절염, 자상, 기침, 치통 등에 활용되었다 한다. 꽃말은 "온화", "고독"이나 몽고 지배 당시 공녀로 차출되었다가 고향에 돌아와 죽어 찔레나무가 된 찔레의 전설이 반영되어 "자매의 우애"란 뜻도 갖게 되었다 한다.

작은 등불 등심붓꽃

요즘엔
밤이 너무 밝아
차라리 칙칙한 대낮에
불을 밝혀
길을 잃지 않도록
봉사활동 해야지

밤엔
모두 다 자고 있어
불을 밝혀도 볼 수 없으니
낮에 불을 켜고
길 잃은 사람
안내자 되어야지

혼자 힘들면
교대로 불을 밝히고
너무 작아
빛이 약하면
여럿이 샹들리에 되어
희망을 비춰줘야지

➲ 등심붓꽃
길가나 언덕의 잔디밭 등지 양지바른 곳에서 자란다. 원산지가 북미이나 제주도로 귀화해서 개민들레, 개망초 등과 함께 오름 등지의 야생에 적응, 주인행세를 하며 지천으로 깔려 있다. 작지만 많은 열매와 더불어 뿌리 번식을 병행해 넓게 퍼지고 있는 추세이다. 꽃이 피기 전의 봉오리가 붓의 모양을 닮아 붓꽃 속에 넣었고 꽃술이 등잔의 심지 형상이라서 등심이라는 말을 붙였다는 설이 있다. 연중 볼 수는 있으나 대낮 하루 동안만 무리지어서 피는 일일화이다.

6월 이곳저곳에서 피어나는 야생화

박새꽃 피는 숲의 적막

나비의 날갯짓 파열음도
새들의 눈 깜빡이는 소리도
땅 밑으로 꺼지고
이제는 달팽이 기어가는 소리만이
시끄럽게 메아리치는
산골짜기

박새꽃 한 송이가
지나가는 바람을 아는 체하니
곁의 다른 꽃송이들
조용히 하라며 눈을 흘긴다

작년에 생겨난
삭은 등수국 꽃잎 떨어지는 소리가
잠자는 고사리 깨우는
한라산 어느 작은 계곡의
무료한 적막.

박새
깊은 산에서 사는 다년생 초본으로 반그늘이나 습기가 많은 곳에서 무리지어 자란다. 주름진 잎에서 나온 원줄기는 곧게 서서 크고 속은 비어 있는데 초록 줄무늬를 가진 흰색의 많은 꽃을 달고 있다. 어릴 때는 새우란으로 착각하여 채취해 가고 크면 명이나물이라고 착각해서 뜯어 먹다가 탈이 나기도 한다. 여로라는 이름으로도 불리는 뿌리줄기에 독이 있어 농업용 살충제나 가축용 구토제로 사용하는 바, 산속의 3대 독초(천남성, 투구꽃, 박새) 중 하나라고 한다

바닷가의 땅채송화

파도 한번 치고 나면
합창 시작
태초에 하늘이 있었고
그리고 땅 아닌
갯바위 옆에 내가 있고
옆엔 아무도 없고 ……
바닷바람 지나며
땡 해도 무시
목 터지도록
노래하는 땅채송화

파도 왔다 밀려가면
춤추기 시작
빨간색 바지 물에 젖고
파란 상의 헤져도
노란 얼굴 흔들며
바닷바람 지휘 따라
온 몸 던져
구도의 삼매경에 빠진
춤추는 땅채송화.

땅채송화
각시기린초, 갯채송화, 제주기린초 등으로도 불리며 중부 이남의 해안가와 햇볕 잘 드는 갯바위에서 주로 자란다. 높이 10cm 이내로 낮게 자라며 줄기를 옆으로 뻗으며 많은 가지를 곧게 세우며 무지지어 꽃을 피운다. 돌나물속에 속해 외래종인 채송화의 이름을 붙이는 것보다는 갯돌나물 같은 새로운 명칭이 필요하다는 여론이 높다.

POTATO FLOWER

감자꽃

감자도 꽃이 피고 열매를 맺는다. 흰색과 분홍색, 그리고 자주색 계열의 꽃을 피우는데 수수하고 순박한 모습을 보여 어머니를 연상케 하며 "당신을 따르겠습니다."라는 꽃말도 갖고 있다. 그런데 감자꽃이 피면 감자라 부르는 알뿌리가 크게 성장하도록 꽃을 따주기 때문에 감자꽃을 볼 수 있는 기간이 짧다. 꽃을 그대로 두면 방울토마토만 한 열매 맺지만 알칼리성분의 아린 맛이 나는 독성이 있어 먹지 못하며 유전자 연구 차원에서나 숙성시켜 재배한다고 한다.

감자 꽃 피는 시기

배고파도 어쩌겠느냐
조금만 더 참아라
감자 꽃이 피었으니
꽃 따준 후 며칠 후에
맛난 감자 먹게 해 주마

그래서
저토록 순박한 감자 꽃
토실한 알뿌리 위해 희생되고
어머니 손은
더욱더 못이 배기게 된다

허기를 달래 주던
모든 새싹과 나물 새어버려
식량난 극심할 때 되면
왜 하필 태양은 불을 내리던가
감자 꽃 피는 시기 오면
어머니의 등은
소금밭이 되어 버린다.

멍석딸기 꽃봉오리

손님이란
왔다가 가는 사람인데
떠나는 것이
야속하다며
발을 동동 구르는 소녀

갈 테면
오지 말았어야 한다고
억지 논리 따지면서
얼굴 상기된 채
한숨만 쉬는 산골 아가씨

다시 오마
그 말 거짓인 줄 알면서도
가시는 분 마음 상할까
사립문 기대어
눈물 숨기는 그 여인.

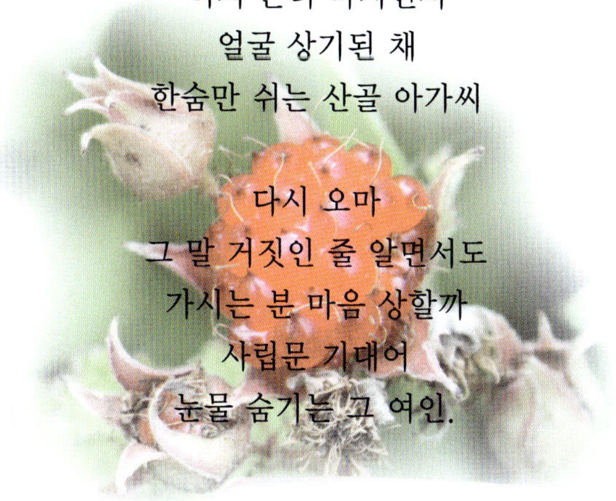

멍석딸기

산기슭에서 포복성으로 낮게 자란다. 햇볕이 좋은 곳을 찾아서 가시덤불을 만들며 뻗어 나간다. 줄기와 잎 그리고 꽃자루에 가시와 털이 많이 나 있다. 꽃은 분홍색으로 피지만 봉오리인지 활짝 핀 것인지 애매할 정도로 피는 둥 마는 둥 하다가 열매로 바뀌어 꽃받침이 곧 열매 접시가 되어 버린다. 꽃보다도 열매가 더 붉다. 야생 딸기에는 산딸기, 장딸기, 줄딸기, 곰딸기, 멍석딸기, 복분자, 뱀딸기 등 20여 종이 있는데 열매가 비슷하지만 꽃은 많이 다르다고 한다.

패랭이꽃의 변신

예전엔 그랬지
패랭이는 서민의 상징
패랭이 모자 쓴 상인은 쌍놈
그래서
패랭이꽃이란 수수해야 하고
사는 곳도 척박한 바위틈
볼품없는 존재

지금은 아니지
화려한 파티의 장식물
패랭이꽃 단 사람은 귀빈 대우

꽃의 일생도
세월 따라 바뀔 수 있는 법
정원으로 이주 한 패랭이꽃은
더 아름다워지기 위한
무늬와 색깔 진화해
코사지 역할하고
카네이션 대신하니
변화에 대성공.

패랭이꽃

석죽화, 대란, 참대풀 등의 이름으로도 불린다. 바위틈이나 낮은 지대의 건조한 곳에서 자라며 척박한 땅에서 강한 생명력을 보여 옛날 서민의 사랑을 받아 왔다고 한다. 한방에서는 씨를 구맥자라고 하여 열과 혈압을 낮추고 이뇨제 또는 통경제 등으로 사용한다. 꽃모습이 패랭이라는 옛 서민들의 모자를 닮았고 본래 분홍색 바탕에 붉은 가운데 무늬가 있는 형태이었지만 원예종으로 다양하게 재배를 하여 색깔과 무늬가 다양하고 화려하게 변했다.

갯까치수영

해변진주초, 갯까치수염, 갯좁쌀풀 등의 다른 이름도 있는 2년생 초본식물로 남부지방의 해안가 마른 땅이나 바위틈에서 주로 자란다. 수분을 많이 갖기 위해 진화된 두툼한 이파리와 줄기 끝에 흰색 꽃이 여러 송이 뭉쳐 핀다. 바다의 열악한 환경이라 할 수 있는 강한 바람, 짠 소금기, 영양가 없는 모래와 바위 등에서 잘 견디며 산다.

바다가 좋은 갯까치수영

바다가 좋다
먼 곳을 보면 무게 있고 점잖은 바다
가까운 곳에서는 슬금슬금 모래밭 침범하는
엉큼한 바다의 치맛자락
갑자기 덮치는 무자비한 용맹
때론 멀리 도망쳐버리는 줄행랑 기술
바다는 볼수록 재미있다

바닷가에서 노는 것이 좋다
혼자보다는 두셋이 어울리는 것이 좋다
우리끼리 놀다 싫증나면 온갖 종자 불러 모아
바다에 대한 강의를 하며 같이 즐긴다
바닷가에서 살아가는 요령 설명할 때면 신이나
가끔은 허풍을 떨기도 하지만
그래도 정통임을 자부한다.

약모밀

생선 썩는 냄새가 난다고 하여 어성초, 열 가지 병을 치료한다고 하여 십약, 꽃잎이 열십자 모양이라고 하여 십자풀 등의 이름으로도 불린다. 땅속줄기로 번식하며 어린 순이 오징어 머리 비슷하고 이파리가 메밀 잎과 유사하다. 일본에서는 원폭 지역의 최초 생성 식물로 확인된 바 있으며 일반 항생제의 4만 배에 이르는 강한 항균력이 있다는 등 만병통치약으로 통한다. 약효에 따라 해독초, 생명초, 정장초, 미용초, 정혈초, 재생초 등으로 부른다. 각종 질병 치료 효과와 더불어 비타민 등 영양소도 뛰어나다고 한다.

기적의 신약 어성초

죽은 사람도 살릴 수 있다
그렇게 심한 말
회오리바람처럼 돌고 또 돌고
저승과 이승을 넘나드는
자유이용권
구멍가게에서도 판매한다는데
길가에 널브러진 어성초
할 말 잃었다

약모밀 이름 있지만
생선 썩는 냄새로 어성초 되어
죽은 인간의 육신을 재활용한다고
차라리 썩어가는 영혼을
세탁기에 넣고 세제로 뿌리면
참새되어 날아갈까
지천으로 널려 꽃 피우면서도

쥐오줌풀이 피운 꽃

무시당하지 않으려
자태는 품위 있게
색조는 우아하게
냄새는 향기롭게
혼신 다해 꽃 피운다

쥐라는 이름도 안타까운데
오줌까지 붙었으니
얼마나 서글픈 심정일까

전생의 업보인 양
참회의 나날을
하나하나 작은 꽃 속에 넣어
새로운 생명 기약한다

쥐오줌풀
길근초, 은대가리나물, 줄댕가리, 중대가리 등으로도 불리며 전국 산지의 비옥한 토양에서 자란다. 땅속 뿌리줄기로 번식하며 원줄기 끝과 곁가지에 연한 붉은색의 꽃을 피운다. 수염뿌리에서 쥐 오줌 냄새가 나서 쥐오줌풀이라는 이름이 붙었다고 한다.
연한 잎과 줄기는 삶아서 나물로 무쳐 먹거나 말려서 묵을 해 먹기도 했다는데 별로 맛은 없었다고 한다. 한방에서는 뿌리를 정신불안, 신경쇠약, 관절염, 타박상, 위경련, 생리불순에 사용한다고 한다.

주름잎
우리나라 전국 각지에서 볼 수 있으며 양지바른 곳에서 잘 자란다. 가장자리에 거친 톱니를 가진 잎에 주름이 잡혀 주름잎으로 불린다 하며 줄기 윗부분에 연한 자주색의 꽃이 봄부터 여름까지 피어 있다. "끈질긴 생명력"과 "희망"이라는 꽃말을 가지고 있으며 서민을 상징하는 잡초로도 평가된다.

현실 적응 주름잎

예쁜 꽃 갖고 있지만
꽃 명칭 얻지 못해도 불만은 없다
세상에 수없이 많은 들풀과 나무들
대부분 잎사귀에 주름 있건만
주름잎 부르는 건 이 몸뿐이니
이파리 이름 받은 것만으로도 행복하다

작은 몸집 보고 안쓰럽다 하지 말라
척박한 땅에 산다고 걱정하지 않아도 된다
길가나 밭둑 태어난 곳 안 가리며
목장의 빼곡한 풀 속에서도 숨을 쉬고
정원의 한구석에서 앉아 있거나
보도블록 사이에서도 살아남을 수 있다

갖추고 있는 것은 생명력
보여줄 수 있는 것은 희망이라 하니
태양이 익어가는 봄부터 여름까지
긴 시간 문제없는 햇살 먹으며
잡초의 이름으로 편지를 써서
서민으로 살아가는 인간에게 보내 본다.

바위채송화의 세력 확장

좁은 바위틈에서 살던 시절
이젠 옛말
환경에 재빨리 적응하고
시대의 변화에 맞춰 살다 보면
없던 능력 생기고
주변을 장악할 힘도 얻게 되니
존재를 달리 보게 된다

노란 구슬 깔아 무늬 만들고
작은 노란 별 모아 빛을 밝히면
온 천지가 화려한 궁전 될까
바위채송화가 세력 확장에 몰두하며
가난했던 옛날 잊어버린 채
개미군단의 단결력
과시하고 있다.

바위채송화
개돌나물, 대마채송화로도 불리는데 중부 이남의 산지 바위틈에서부터 물가 근처, 민가 주변의 햇볕 좋은 곳까지 널리 분포되어 자란다. 옆으로 뻗는 원줄기와 곧게 솟은 가지 끝에 다섯 잎의 노란 꽃을 피우며 돌나물, 땅채송화, 기린초, 말똥비름의 꽃과 유사하나 잎으로 구분된다. 보석상자가 터져 그 중 호박보석이 변한 것이라는 설화를 갖고 있고 약간의 습기만 있어도 번식하는 생명력을 보여 준다.

붉은토끼풀 꽃이 피어 있는 길

요즘처럼 자동차 많은 시대에
호젓한 시골 길이 어디 있겠느냐마는
그래도 차가 좀 더 적게 다는 길이 있다면
붉은토끼풀의 꽃이 피어 있나 눈여겨보아야 한다

봄엔 유채꽃, 가을엔 코스모스 꽃길
그러나 여름엔 갓길이 잡초의 덤불숲으로 오염되어
무자비한 예초기 칼날이 민망한 살결을 드러나게 한다

이때쯤 이곳에 붉은토끼풀이 자주색 꽃을 갖고 등장하여
포장도로의 삭막한 느낌을 없애며 갓길을 장식한다
자동차 내 뿜는 매연도 청정한 공기로 바꾸면서
잠시 차에서 나와 보라 권유한다

꽃반지와 목걸이 만들며 아득한 옛날을 회상해도 좋다면서
정신없이 질주하는 삶의 미로에서 벗어나 보라 한다
잊고 살던 행복을 작은 길에서 찾아보라 한다.

붉은토끼풀
유럽 원산으로 사료용으로 이 땅에 들어왔지만, 전국에 골고루 퍼져 자라면서 야생의 토종으로 변해버렸다. 지표면을 기면서 자라는 토끼풀의 일종이지만 좀 더 크고 곧게 자라는 줄기 끝에 토끼풀의 흰색 꽃보다 더 큰 붉은 자줏빛의 꽃을 피워 홍자축초, 홍삼엽, 금화채 등의 이름도 붙었다 한다. 붉은 꽃을 가진 야생의 허브가 되어 도로변의 지표 식물 역할을 하고 녹차 밭에는 잡초 제거 용역이 되었으며 몸속을 정화하는 약용으로도 연구된다고 한다.

사랑의 매듭 바위취

나에겐
꼭 그 사랑이
필요하답니다

더는 그리워하지 않고
더 보고 싶어 하지 않아도 되는
그런 나날이 지속하도록
사랑을 묶어 놓으려 합니다

나와 그대를 떼어 놓은
공간과 시간을 묶어
하나로 만듭니다

고운 상자에 그 사랑 담은 후
예쁜 리본 매달아 놓고 싶습니다
누가 보아도
아름답다 하도록 말입니다.

바위취
꽃모습이 호랑이의 귀를 닮았다 하여 "범의 귀" 또는 등이초, 석하엽 등으로 불린다. 중부이남 지방의 바위틈이나 물기가 많고 양지바른 곳에서 잘 자란다. 번식력이 강해 추위에도 잘 견뎌 한겨울에도 보송보송한 털을 덮은 채 바위 밑에서 웅크리며 생명을 유지한다고 한다. 예부터 민간에서는 생즙을 내어 종기나 화상, 동상에 사용하였고 한방에서는 호이초라는 이름으로 독, 열, 풍, 염 등을 다스릴 때 처방하였다 한다. 꽃의 생김새가 한자의 큰 대자 같아 대문자꽃이라고도 하는데 보는 사람에 따라 토끼의 귀, 리본, 매듭, 송곳니, 매미 등으로 비유한다. 꽃말은 "절실한 사랑".

갯장구채
중부 이남의 해변에서 주로 자란다. 바닷가 바위틈이나 경사진 언덕의 척박하고 바람 거센 땅이라도 햇볕이 잘 드는 곳이라면 자리를 잡아 장구채 모양의 꽃을 피운다. 줄기를 중심으로 회백색 털을 갖고 있으며 분홍색과 흰색 또는 두 가지 색을 혼합한 꽃은 해안의 장식품 역할을 한다. 꽃말은 "동자의 웃음"이라 한다.

갯장구채의 장단

사랑이란 무엇이던가
장단 맞춰 노래를 불러라
둥띠 당띠 둥띠 당띠
갯바위 장구 삼아
궁글채로 두드려준다

인생이란 무엇이던가
장단 맞춰 춤을 추어라
따당 따당 띠딩 띠딩
꽃이 모두 떨어지면
가락채 만들어 연주 한다

오늘 가면 내일 온다
내세를 위해 흥을 내어라
두둥 다당 딩가 딩가
장구 양면은 기쁨과 슬픔
우리 인간 다 그렇단다.

물양귀비 피는 연못

연못의 주인인
연꽃으로부터 전세 내
연못 귀퉁이 자리 잡은 후
주변 꽃들 홀리려
온갖 요염한 자태 보였지만
내공 깊은 연꽃 본받아
꽃들은 흔들리지 않고
실없는 인간만이
손 씻는다고 접근하더라

모든 인간
더러운 때가 많아
씻고 또 씻어도
몸은 깨끗해지지 않고
연못의 물만을
더럽힌다 하면서
물에 사는 양귀비는
몸만 씻으려 하는 인간들
물가에 오지 말라 한다.

WATER POPPY

물양귀비

따뜻한 지역의 연못이나 늪에서 자란다. 뿌리와 줄기를 물속 흙바닥에 뻗고 자라며 굵은 줄기에서 가는 가지가 나와 잎을 자라게 하고 꽃을 피운다. 잎은 둥글고 짙은 녹색을 빛을 띠고 물에 떠 있으며 꽃은 물 위에서 노란색으로 핀다. “목욕을 할 때면 꽃들이 부끄러워 잎 사이로 숨어 버린다”는 중국 4대 미인 중의 하나인 양귀비의 이름을 딴 양귀비 화초 모습과 비슷하고 물에서 산다 하여 물양귀비라는 이름이 붙었다 한다.

조용한 섬초롱꽃

종소리 마구 울릴 것 같은데
정적만 감도는 것은
어인 일인가요

초롱불 환하게 밝히노라면
시끌벅적해야 하는데
바람 소리마저 사라진 것은
또 어인 일인가요

그대 얼굴 보고 싶어
기다리는 사람 많이 있는데
무슨 생각 그리 많아
이렇게 고개만 숙이고 있나요

넓은 바다 바라보고
등대처럼 불빛 비추며
종소리도 울리면 얼마나 좋을까요.

섬초롱꽃

울릉도를 비롯한 바닷가 양지바른 풀밭이나 바위틈에서 자란다. 잎은 밑이 둥글고 끝이 뾰족한 형태를 보이고 가장자리에 둔하고 불규칙한 톱니가 나 있다. 가지나 원줄기에서 아래를 향해 꽃이 달린다.
흰색의 초롱꽃과는 달리 자주색 바탕에 짙은 반점이 나 있는 꽃을 피운다. 자반풍령초라 하여 정혈, 해독, 지통 작용에 사용된다고 한다. 꽃말은 충실, 정의, 감사 등 다양한 의미가 부여되어 있다.

갈퀴나물 삭기 전에

무엇을 잡으려 했나
혼자 있기는
너무 허전하고 외로워
하늘 긁고
땅을 할퀴며
몸부림쳐 봤건만
여전히 혼자이더라

허공을 잡는 기분
이것을
허무하다 하는가
강한 나뭇가지 꿈 버리고
휘청이는 풀줄기라도
손끝에 와다오
갈퀴나물 삭기 전에.

갈퀴나물
녹두루미라고도 불린다. 산과 들의 풀밭에서 땅속줄기로 자라며 덩굴손을 내어 주변 나무 등을 타고 오른다. 잎겨드랑이에서 꽃대가 올라와 한쪽으로만 모인 홍자색 또는 남자색 꽃을 피운다. 어린순은 식용하고 열매는 볶아 먹기도 한다. 한방에서는 산야완두라 하여 류머티즘, 동통, 관절통, 근육마비, 종기, 습진에 쓰인다고 한다.

갯취

갯곰취, 섬곰취라고도 부르며 제주도의 서쪽 낮은 지대와 거제도에서 자란다. 취나물 종류와는 달리 독은 없지만, 맛도 없어 잘 먹지 않는다고 한다. 키가 1m 내외로 곧게 서고 줄기는 가지로 갈라지지 않고 6월에 황색의 꽃을 피운다. 환경부 한국특산종(식-122)으로 지정되고 산림청 희귀 및 멸종위기 식물로 설정(1997년)되었으며 잎과 꽃의 관상가치가 높아 관엽식물, 지피식물, 화단용으로 식재되고 있는 추세이다.

갯취가 오름 중턱에 서서

태양에서 쏘아 내린
불화살 꽂히는 6월의 어느 오름
갯취 몇몇 서성이며
관광객 시선을 유혹하고 있다

목을 길게 빼고
얼굴 간지럽히는 풀벌레도 용서한 채
한껏 미소 지으며
특허 낸 노란 전파 보내
서 있는 곳 알린다

기대는 곧 실망이라
오름의 능선만을 볼 수 있는 관광객이
어찌 갯취의 귀함을 알리요
사진작가의 귀찮은 자세 교정만으로
섭섭함을 달랜다

초여름 한낮의 오름 중턱에서
큰 키 자랑하고픈 갯취
허리 펴고 외다리 곧게 세운 채
먼 곳만 바라다보고 있다.

나무 사이로 보이는 노루발

노루가 숨바꼭질할 땐
머리와 몸만 보이지 않게
큰 나무 뒤로 숨는다
한 번 숨으면 들키지 않도록
어두워질 때까지 움직이지 않는다

나무 기둥 사이로 뿔과
네 발이 보이는지는 모르고 있다
개미가 발등을 간지럽혀도 참고
바람이 돌을 가져다 때려도 이겨 내며
빗물이 발을 퉁퉁 부풀려도 움직이지 않는다

나무 사이 숨어있는 모습 들키면
멋쩍은 웃음 한번 웃으면 된다
속세를 떠난 삶이란 그런 것이다
그렇게 살아보는 것이다.

노루발(풀)

녹제초라는 이름으로도 불리며 전국 각지의 산속 낙엽수 아래 반그늘에서 자란다. 뿌리줄기를 옆으로 뻗으며 번식하는데 잎에 광택이 나며 겨울에도 고사하지 않고 동물들의 먹이가 된다. 꽃줄기가 곧게 서서 노루발 같다고 하거나 꽃에서 나온 굵은 꽃술 하나가 노루발 모양이라 말하기도 한다. 노루발이라는 이름은 재봉틀에서도 사용되고 있으며 못 빼는 연장(일명 빠루)을 말하기도 하고 문이 닫히지 않도록 괴어 놓는 것(스톱퍼)에 붙이기도 한다. 노루귀, 노루발, 노루오줌 등 노루라는 명칭이 많이 들어가는 것은 그만큼 친근감이 있다는 뜻이다. 한방에서는 녹수초, 녹함초 등의 이름으로 지혈, 고혈압, 피부병 및 독충 치료제로 쓴다고 한다.

자주괭이밥
귀화식물이지만 우리나라 전역의 산이나 길가 밭둑에서 자란다. 원예계에서는 하트 모양 이파리를 지녔다는 이유로 괭이밥속 전체에 속하는 식물을 사랑초라는 이름으로 통칭하기도 하고 일부 개량한 꽃분홍색 꽃을 가진 품종만을 사랑초라 부르기도 한다. 친화력이 좋고 여름이 되면 길가에서 지나가는 사람을 반겨준다는 말을 들을 정도로 반가움을 준다. 잎은 벌레 물렸을 때 해독작용을 한다고 한다. 꽃말은 "충실", "당신을 버리지 않았습니다."

사랑초 자주괭이밥

당신을 버리지 않을 거예요
끝까지 지켜줄게요
당신의 모든 잎이 하트를 그리듯
당신의 이름이 사랑이라 말하듯
언제까지나 곁에 있을 거예요

그러나 지금 당신은 떨어져 있네요
멀리 보이는 산속에서 수도하며 살기도 하고
길가에서 누군가를 기다리기도 하네요

버리지 않는다고 약속했는데
아름다운 꽃 빛이 죄가 되었나 봐요
오죽했으며 심장 상징 이파리 달았을까요
얼마나 사랑이 그리우면 사랑초 이름 붙었을까요
다 업보려니 해야 하겠지요.

바람에 흔들리는
실꽃풀

바람이 찾아와서 흔들면
흔들려 주어야 하는 것이 예의다
괜히 실꽃이라는 이름 붙었겠는가
실처럼 하늘거려야 하는 것은 당연한 것이다

실꽃풀이라 부르니
실꽃이 없다면 풀만 남는다
잡초로만 일생을 보내지 않기 위해서
일 년 내내 실꽃 만들기에 온 힘을 다해야 한다

바람이 무섭기만 한
가늘고 여린 꽃줄기 가졌지만
노력의 결실루 섬세한 실꽃들을 피워
식물박사와 사진작가들 한라산으로 끌어들인다.

실꽃풀
제주도의 다소 높은 산지, 깊은 숲 속의 나무 그늘에서 자란다. 다년초로 짧고 굵은 지하 뿌리에서 잎과 줄기가 나와 아래에서부터 위로 올라가며 여러 개의 꽃을 피운다. 가는 화피 갈래 조각이 실같이 하얗고 긴 모습이라서 실꽃풀이라는 이름이 붙었다고 하는데 발아율이 현저히 낮아 이전 번식이 까다롭다고 한다.

물의 요정 노랑어리연꽃

소금쟁이와 친구 하며
연못에 떨어진 해님을 놀리다가
노는 것도 싫증 날 땐
괜스레 찡그리며
멀리 지나가는 구름에게 눈 흘긴다

오리가 지나가자
잠시 몸을 비켜 틈을 내 주며
저 덩치 움직이려면
얼마나 힘이 들까 걱정해 주는 척
곁에 있는 벌에게
침 한 방 놓아보라 심술부린다

연못의 환경 지킴이를 자부하는
물의 요정 노랑어리연꽃
바람 따라 뒤흔들 땐
잠자리도 무서워하는
말괄량이 소녀가 되어 버린다.

노랑어리연꽃
전국 각처의 연못과 늪에서 자란다. 님프(물의 요정)라는 학명이 들어 있는 노랑어리연꽃의 노랑은 꽃이 노랗게 핀다는 것이고 어리라는 말은 "작은 또는 유사하거나 가까운 존재"를 의미한다. 대체로 물이 깊지 않고 오래 고여 있는 장소에서 물의 정화 기능을 담당하기도 한다. "청순과 순결"이라는 꽃말을 갖고 있고 한방에서는 잎과 줄기를 행채라 하여 감기로 인한 신열, 홍역, 이뇨 등이 쓰인다고 한다.

마삭줄

남부지방의 산지 숲 속에서 자라며 바위를 타고 기거나 나뭇가지를 잡고 퍼져 나간다. 부엽질이 풍부하고 물 빠짐은 좋지만 햇볕은 많이 들지 않는 곳에서 주로 서식한다. 줄기에서 다른 물체를 잡을 수 있는 뿌리가 내려 기생식물처럼 보이기도 한다. 사시사철 푸른 상록 덩굴이나 단풍잎도 같이 갖고 있다. 몸 전체 부위가 큰 것을 백화등이라 하여 관상용으로 기르고 한방에서는 낙석등이라 하여 잎과 줄기를 해열, 강장, 진통제로 쓴다고 한다.

Climbing Bagbane

운명의 수레바퀴 돌리는 마삭줄

하늘을 날고 싶은 꿈을 꾼 죄 너무 크던가
염라대왕 노여움 받아
땅바닥 지키는 포승줄 역할 맡더니만
믿음직한 바위 묶어 놓고
잘 자라는 나무 억지로 붙잡아 놓는다

전생의 업보를 어찌 알겠는가
사는 곳 좁다며 사방팔방 손과 발을 뻗더니만
바람개비 닮은 하얀 꽃 피우고
천지를 진동케 하는 향기도 내뿜다가
갑자기 움직임을 멈춘다

한겨울 푸른 잎도 고통인데
사시사철 단풍 한 잎은 또 무슨 굴레인가
향기 짙은 꽃도 탐스러운 열매도
환생의 번뇌만을 되풀이하게 하는가
운명의 수레바퀴, 어느 때가 되어야 멈출 것인가.

순채의 수중발레

음악이 울리면
최고로 행복한 미소 지은 얼굴
물 위로 들어 올린다

물 찬 제비 사연인 양
물 위에서 춤추는 동작 하나하나
이야기가 담겨 있다

물속 자맥질도 예술이라
우아한 몸놀림 실루엣으로 흐를 땐
인어의 춤이 저것인가 한다

가만히 수면에 나타난 발
심상찮은 움직임에 숨죽이고 바라보니
여자가 남자로 변해있었다.

순채

부규, 류, 순나물이라는 이름도 있다. 제주도 등 남쪽 지역의 얕은 연못에서 자라는 다년초이다. 잎과 어린줄기가 우무 같은 점액질로 둘러싸여 있다. 뿌리줄기를 옆으로 뻗어 자라며, 잎겨드랑이에서 자란 꽃자루에 1개의 홍자색 꽃을 단 2일간만 피우는데 첫날은 암꽃이 되어 피어 있다가 수중으로 들어간 후 이튿날 다시 나올 땐 수꽃이 되어 버린다. 한방에서는 지열, 해독, 건위, 숙취, 이뇨 등에 사용한다. 화채 등 음식 재료로 사용되었으며 옛날에는 각처의 연못에서 흔히 볼 수 있었다고 하나 지금은 멸종위기 2종으로 지정될 정도로 귀하다고 한다. 귀한 음식으로 취급하는 일본으로 다량 유출된 점도 있고 환경파괴, 서식지 생태변화, 무분별한 채취 등이 원인이라 한다.

개 꼬리 까치수염

누가 훈련시킨 자세인가
털북숭이 꼬리 살짝 올렸다가 끝만 내린 후
바람 불면 좌우로 우아하게 흔든다

마음이 안정될 땐
모두가 기본자세 취하고 있다가
뜨거운 태양 볕에 축 늘어지기도 하고
사진작가 맞이하면 자신 있는 모습 보이더니만
예초기 소리 들리자
일제히 꼬리를 흔들어 경고신호 보낸다

제일로 무서운 태풍이 다가오니
온몸 땅바닥에 붙이고
꼬리는 보이지 않게 숨긴다.

까치수염
개꼬리풀, 꽃꼬리풀, 낭아초라고도 한다. 전국 각지의 산과 들, 주로 낮은 지대의 풀밭에서 자란다. 꽃은 전체가 흰색으로 10~20cm 크기로 피는데 줄기를 따라 작은 꽃들이 뭉쳐서 우산형태의 큰 봉오리를 이루고 끝이 약간 말리며 올라가는 운치가 있다. 이 때문에 "작은 별", "동심" 등의 꽃말도 있다. 어린잎은 새콤하고 풋풋한 맛이 나 식욕을 불러일으키기 위한 나물로 먹었다 하며 민간에서는 구충제로 쓰였고 한방에서는 타박상 치료제에 사용한다고 한다.

기린초 되었다는 소녀

누구였을까
소녀가 기다리던 사람은 누구였을까
바위 위에서 목을 길게 빼고
누구를 맞이하려 했던가

누구였을까
동산 위에 서 있던 소녀는 누구였을까
기다림에 지쳐 노란 별이 되어버린
사연은 무엇이었던가

햇볕에 바랜 역사는 아니고
달빛에 물든 설화인 것 같기도 하며
인구에 회자된 전설 같은 이야기
기린초 사랑이란다.

기린초

중부 이남의 산에서 자라는 다년생 초본이다. 주로 바위틈이나 동산의 양지바른 곳에서 번식하며 긴 꽃대에 작은 꽃들이 모여 편평한 집산 꽃차례 형상을 이루는 노란 꽃을 피운다. 꽃잎은 5장인데 끝이 뾰족해 노란별처럼 보인다. 메마른 땅에서도 뿌리를 내리는 생명력이 강한 식물로 알려졌다. 연한 순은 나물이나 절인 음식으로 먹는다. 가슴 울렁증의 약용으로도 사용한다고 한다. 꽃대가 길어서 목이 긴 기린이라고도 하고 이파리 또는 꽃의 모양이 기린의 얼굴을 닮았다고 억지로 갖다 붙이나 정설은 모호한 편이다. 꽃말은 "소녀의 사랑"이라 한다.

백리향

높은 산꼭대기의 햇볕이 잘 자라는 바위 위에서 잘 자란다. 원줄기가 땅 위로 퍼져 나가며 어린 가지가 비스듬히 나와 꽃을 피운다. 추위에 강해 겨울에도 작은 키를 유지하면서 교목임을 자랑한다. 잎의 양면에 있는 선점에서 향기가 나오고 꽃에서도 천리향이나 만리향보다 더 은은한 향기가 풍긴다. 한방에서 진해, 진경, 구풍 등의 약재로 사용해왔으며 화장품이나 향료 식품으로 개발할 뿐만 아니라 정원의 관상용으로 점차 재배하는 추세이다. 꽃말은 "용기".

유혹에 지친 백리향

어찌 이리도 바보 같던가
높은 산 위에서 향기 아무리 풍겨본들 무슨 소용이 있을쏜가
바람은 애써 만든 정성을 한 치도 머물지 못하게 하고
빗물은 냄새의 흔적조차 씻어 버린다는
그런 사실을 모르고 있었던 것은 아니잖은가

백리향이란 이름이 자만을 키웠는가
잠자는 사랑의 혼을 언제나 깨울 수 있다고 착각하지 않았는가
아무리 멀리 있어도 유혹할 수 있다고 생각했는가

아니다 백리향이라는 말에 겸손이 숨어 있다
더 진한 향기 있음에도 천리향이나 만리향이라 거만 떨지 않았다
현란하게 화장하지도 않고 순수한 미모만 보여 주었다

그럼에도 가까이 오는 이 없다
진정을 바쳐 사랑을 주려 해도 받을 대상 찾을 수가 없도다

꽃이란 눈에 꽃으로 보여야 비로소 꽃이 된다
먼 곳에 있는 점이 아무리 꽃이라고 소리쳐봐야 소용없다
꽃은 인간 손이 닿아야 냄새를 맡아볼 수 있다
천상에서 가져온 향기도 코에서 멀리 떨어져 있으면 향기가 아니다
언제까지나 높은 곳에서 꿈만 꾸며 살겠는가
그래서 산에서 내려가야겠구나.

보약으로 먹는 방풍 음식

믿음이 곧 약이라 했어요
무엇이던 약이라 생각하고 먹으면 몸이 낫는다는 말입니다
같은 물이라도 독사가 먹으면 독이 되고 젖소가 먹으면 우유가 된다는 말, 같은 뜻일 겁니다

하물며 약초를 약으로 먹으면 더없이 좋겠지요
방풍은 이름조차 치료기능을 암시하니 더 믿음을 줄 것입니다

약이란 평소에 먹기가 좀 그렇다 하니 음식으로 개발해 꾸준히 먹는다면 금상첨화일 것입니다
어느 사찰에서는 겨울철 방풍죽을 만들어 먹으며 도를 닦는 몸과 마음을 다스렸답니다
어느 해안마을은 태교음식이라는 말로 해산물과 함께 끓여 먹어 임산부의 산후풍을 예방했다고 합니다
바닷가에서 먼 농촌이나 산골은 방풍을 상하지 않고 오래 보관하며 먹을 수 있도록 장아찌로 만들었답니다
요즈음엔 지자체에서 나서서 방풍을 재배하고 나물을 비롯한 각종 반찬 만들어 소득을 올리는데 효자 역할 한답니다

방풍나물은 맛과 향이 좋다고 하지요
쌉싸름한 자극이 입맛을 돋운다는 그렇듯 한 말을 많이 합니다
아마 몸에 좋다는 지식이 뇌를 자극해 무조건 맛있다는 느낌을 들게 되는지도 모릅니다
아무렴 어떠하겠어요, 방풍 음식이 질병을 예방한다는 신념을 갖고 먹어 효과를 본다면 그것이 좋은 것이 아닐까요.

방풍
갯기름나물이라고도 하는데 회초, 병풍, 도예, 원방풍, 동운, 백비, 백지, 회원 잔근 등 잡다한 명칭도 있다고 한다. 바닷가 바위틈이나 절벽 및 갯바람이 닿는 언덕에서 주로 자란다. 예로부터 36가지 중풍을 치료하고 오장을 다스리는 데 효과가 있다고 했다. 한방에서는 뿌리를 말려 감기, 두통, 발한, 거담, 인후통, 파상풍, 근육통, 풍습, 풍한을 비롯해 각종 풍증의 처방 약재로 썼고 민간에서는 방풍 잎을 나물무침, 볶음용, 장아찌, 튀김, 죽, 나물밥 등으로 먹었다. 일본에서는 생선회의 고급 채소로 활용한다고 한다.

뱀무의 만족한 사랑

햇살이 부드러운 능선을 타고 내려오다
잠시 쉬어가는 어느 오름의 한 자락
숨바꼭질하는 노루 가족을 바라보면서
자비의 미소를 짓고 있는 것이
뱀무꽃 아니던가

지난밤의 차가운 달빛도
오늘 한낮의 뜨거운 태양 볕도
모두 따뜻한 성상으로 바꾸어 몸에 담고
두루두루 사랑 나누어 주고 싶어 하는가

눈이 침침한 자여 내게 오라
잠이 안 오는 자도 나에게 와 봐라
사지가 무기력해 마음이 허전한 자들도 오라
늙어 죽는 것이 두려운 사람들 모두 와라

뱀 이름 붙은 것은 모든 중생 사랑 때문이요
무의 모양은 식량 되고자 함이며
살짝 비추는 매운맛도 자극을 위한 것이기에
온몸에 있는 정 없는 정 다 담아 놓은 것 같다

풀밭의 한 곁에서 해맑은 웃음 보이며
스스로 만족한 사랑만을 추구하는 그대는
진정 뱀무꽃 아니던가.

뱀무
귀머거리풀, 수양매라고도 하며 산과 들의 뜻한 장소에서 자란다. 줄기 전체에 털이 나고 뿌리에서 나온 잎은 길고 줄기에서 나온 잎은 작으며 가지 끝에 1개의 주황색 꽃이 달린다. 어린순은 나물로도 먹는데 한방에서는 중요한 약재로 사용해 오고 있다. 위궤양, 고혈압, 치혈, 이뇨, 간질환, 사지무력, 감기, 복통 등을 비롯해 눈이 침침하거나 잠이 안 올 때 보약으로도 사용했다고 한다. 최근에 항비만, 고지혈증, 동맥경화 등 노화 예방 물질을 추출하는 등 연구 대상이 되고 있다. 뱀이란 말은 뱀이 지나다니는 곳에 주로 있고 무란 말은 어린잎이 무 잎을 닮았다는 데서 나왔다는 설이 있다. 꽃말은 "완전한 사랑"이라 한다.

너무 쓴 인삼 고삼

좋은 약은 입에 쓰다고 하지만
어느 정도껏 써야지
입이 거부해 뱃속 못 들어가면
인삼 효능 무용지물이라

뱀이 놀다간 정자나무 되어
독성만이 왕성하니
모든 병해충 퇴치 때나 쓰이고
살균에도 사용된다

멋들어지게 피운 꽃대도
우아하게 늘어뜨린 열매 꼬투리도
의미 없는 장식품이고
주인은 도둑놈의 지팡이인 뿌리

고삼 이름 말만 듣고
산삼 해삼과 연관 말라
입시의 쓴맛에 빠져 사는
고삼생 맘 상한다.

고삼
본래 뿌리의 흉측한 모습을 연상시켜 도둑놈의 지팡이라는 이름으로 불리다가 쓴 인삼이라는 뜻의 고삼으로 명칭이 바뀌었다고 한다. 너삼 또는 뱀의 정자나무 등으로도 불린다. 전국 산과 들의 양지바른 곳에서 자란다. 높이 1m에 이르는 꽃줄기를 세워 나비 모양의 연한 노란색 꽃을 피운 후 콩과 같은 꼬투리 속에 밤갈색 열매를 달게 되지만 별로 주목받지 못하고 오로지 뿌리만을 중시한다. 뿌리는 인삼의 효능을 갖고 있지만, 너무 써서 쉽게 사용하지 않는다. 대신 화농증, 습진 같은 피부병에 사용했고 세척제로 활용하거나 가정용, 농업용 살균제로 살포되었다 한다.

담벼락 곁에 서 있는 여인 접시꽃

이제 오시려나 저제나 오시려나
석양의 붉은빛이 얼굴에 비치면 언제나 한결같이
담벼락 곁에 서서 출근했던 남편 기다리는 여인

왜 이리 늦는가 무슨 일은 없는가
먼저 오는 아이 붙잡고 우리 애들 못 봤느냐고 하면서
동구 밖 길가에서 자식 기다리는 여인

어서 오세요 반갑습니다
고운 옷 차려입고 환한 웃음 웃으면서
대문 밖에 나와 손님맞이하는 여인

온 종일 밭일에 고생하셨습니다
어르신들 어서 세수하고 저녁 드셔야 한다면서
마당 한편에서 수건 들고 서 있는 여인

문지기 임명받은 주어진 운명
내 집 내 가족이 있는 날까진
집안을 지키며 본분을 다하는 그 여인.

접시꽃

일일화, 황촉화로 불리다가 근래에 접시꽃으로 불리는 꽃으로 촉규화를 비롯해 덕두화, 접중화, 단오금 등 많은 이름이 있다. 흔히 길가나 빈터에 자생하며 높이 2.5m에 이르는 정도로 높게 자란다. 붉은색, 연홍색, 노란색, 흰색 등 꽃 색깔뿐만 아니라 겹꽃 등 모양도 다양하게 개발되는 추세다. 한방에서는 대하, 소변 곤란, 자궁출혈 등 주로 부인병 치료에 사용했고 얼굴의 주근깨나 술로 인한 코끝 붉은 반점을 없앤다고도 한다. 할아버지로부터 문지기 역할 부여받아 다른 꽃들이 다 떠나도 끝까지 집을 지켰다는 전설과 세상이 자신의 능력을 알아주지 않는다고 한탄한 최치원의 시가 전해져 내려온다.

소리 듣는 갯메꽃

바닷바람이 무어라 하던가
산속의 나무는 잘 자라고
시냇물 굽이굽이 흐르고 있으며
곡식도 잘 익고 있다 하던가

물고기가 바다 속에서 토론하는 소리
갈매기의 먹이 다툼
파도가 속삭이는 옛날이야기
멀리서 하소연하는 뱃고동
턱밑에서 재잘거리는 모래의 움직임
작은 물결에도 엄살떠는 바위의 신음
이 모든 소리 신중히 듣고 있다

초음파든 저주파든
소리란 들리는 대로 녹음해 놓았다가
주변이 심심해질 땐
축음기 나팔 되어
다시 한 번 들려준다.

갯메꽃
해안가 물이 잘 빠지는 모래밭이나 바위틈에서 자란다. 잎의 끝이 오목하거나 둥글며 표면에 광택이 나고 어긋난다. 뿌리에서 줄기가 갈라지고 기근이 나와 땅으로 뻗거나 바위와 다른 식물을 타고 오른다. 나팔꽃 닮은 연한 홍색의 꽃잎 안쪽에 5갈래의 흰색 줄기가 있다. 먹을 것이 없을 때 뿌리로 죽을 쑤어 먹거나 떡을 해 먹었다고 한다. 한방에서는 노편초근이라는 이름으로 이뇨, 중풍, 천식, 관절염 등에 사용한다. 꽃말은 "수줍음".

7월 산과 바다에 사는 꽃

HYDRANGEA

업보 많은 수국

결혼식 꽃다발 될 줄 어찌 알았겠는가

일부종사해야 하는
아녀자의 마음에 영향 줄 새라
집안에 들이지도 못하던 꽃이었는데

속세의 번뇌를 잊고
냉정한 자세로 불성을 찾으라며
사찰의 경내에서 수행을 독려한 꽃이었는데

어느 날 갑자기
웨딩플래너의 손끝에서
변덕과 진심의 양면성에 몸서리치는 꽃 되었다.

수국
이름의 유래나 원산지에 대해 중국, 일본, 서양 등을 거론하고 있으나 산수국, 등수국, 바위수국, 넌출수국이라는 순수 한국식 사촌 이름과 비교해서는 설명하지 못한다. 열매가 없는 무성화이면서도 꽃의 색깔이 피어 있는 시간에 따라 여러 가지로 바뀌고 토양이나 기후에 의해서도 좌우되기 때문에 "일곱 번 변화한다."는 칠변화라는 이름이 있으며 꽃말도 변덕이 되었다. 요즈음 꽃집이나 정원에서 만나는 수국은 색상이 화려하고 모양도 다양하게 개발한 서양수국이다. 민간에서는 꽃을 말려 해열제로 사용했고 한방에서는 팔선화란 이름으로 심장질환과 학질에 사용했다고 한다.

신비로운 꿈꾸는 수련

물안개 피어오르는
산사의 연못
새벽 예불 소리에
눈을 뜬 수련은
물에 비친 제 그림자만
무심히 내려다보고 있다

간밤에 수련한
기공 실력 발휘해
그리움 뭉친 후
사리 한 알 만들어서
꽃잎에 달아 보았지만
마음은 허전하다

전생과 현세를
넘나드는 시간역에서
온 곳도 가는 곳도 모르는 채
혼을 놓고 있다가
수면을 두드리는 빗방울 소리에
그만 깜짝 놀란다.

수련

못이나 늪지에 자라는 수중식물로서 물밑 땅 줄기에서 많은 잎자루가 올라와 물 위에서 잎과 꽃을 피운다. 수련이란 잠자는 연꽃을 뜻하며 아침에 꽃을 피우고 저녁에 오므라들어 3~4일간을 반복한다. 미초나 자오련 등의 이름도 이것에서 비롯되었다. 옛날 한 어진 아내가 청백리 남편을 위해 찻잎을 주머니에 싸서 저녁에 수련 꽃 속에 넣었다가 새벽녘 이를 꺼내 연향차를 끓여 내조했다는 이야기가 내려올 정도로 차와 관련이 있다. 본래 백색의 꽃을 수련이라 하였으나 분홍색, 노란색 등 다양한 색상의 꽃들이 선을 보이고 있다. 꽃말은 "청순한 마음, 담백, 신비, 꿈" 등이라 한다.

벌레들의 방앗간 구릿대

풀밭 먼 곳에서도
쉽게 알아볼 수 있도록
멀대 같이 서 있는 구릿대

이곳에 있음을 알려도 찾지 못한 채
미로 속에서 헤매는 수많은 중생 위해
향기 뿜어 인근에 있음을 알려주기도 하고
몸으로 단소 만들어 소리 내며 확인 또 확인한다

들렀다 가는 미물들에게 양식 내어 주고
피부미용까지 시켜 돌려보내며
모르는 자들에겐 알려주라
한 번쯤 당부해 본다

아무리 와도 좋다
간지럽지도 않고
귀찮지도 않다
튼튼한 다리
잘 버티는
구릿대.

구릿대
독활, 백지, 대활, 흥안백지, 굼배지 등으로 불리며 산골짜기와 습기가 많은 풀밭에서 잘 자란다. 줄기가 구릿빛을 띠고 대나무처럼 곧고 키가 크다고 하여 구릿대란 이름이 붙었다 한다. 1~2m의 키 위에서 20~40여 개의 꽃이 우산 모양으로 피며 이들이 또 모여 겹 우산 형태의 꽃이 되는데 식량을 많이 담고 있고 향기가 좋아 다양한 곤충과 벌레들이 찾아오는 집합소가 된다. 줄기는 강하나 내부가 비어 있어 단소로 만들어 주민을 구했다는 전설도 있다. 두통약인 향백지환의 재료가 되고 발한, 진정, 진통, 지혈, 치통 등의 약재로 쓰일 뿐만 아니라 기미, 흉터, 주근깨 등 피부미용의 효과 및 향기까지 더해 화장품 재료로 주목받고 있다.

솔나물

잎이 소나무 이파리처럼 가늘고 길며 어린 순을 나물로 먹는다 하여 솔나물이 되었다. 송엽초, 황미화, 봉자채, 연자채, 계장초등으로도 불린다. 전국의 산과 들, 길가 구릉지와 초원의 햇볕이 많고 토양의 비옥도가 높은 곳에서 많이 자란다. 아주 작은 황색의 꽃이 모여 큰 꽃다발을 이루는 모둠 꽃을 피운다. 한방에서는 지궁암에 사용했으며 민간에서는 지혈, 위통, 코피 등에 썼다고 한다.

알기 어려운 솔나물

노란 꽃은 눈이 너무 부셔
꽃이 거기 있다고 하니 있는 줄 알고
곧게 서 있다니 서 있는 줄 알고
모여 있다 하니 모여 있는 줄 안다

욕심은 번민이라
꽃을 너무 많이 달아 머리가 무거우면
서로 기댈 생각 갖고 모여 살고
곤충 호출 같이한다니 그런 줄 안다
겉도 잘 모르는데 어찌 속을 알 수 있나

모르는 꽃이 어찌 하나 둘 이런가
풀밭에 무심코 서 있는 멍청이
그냥 그런 꽃이라고만 알아 달라 한다.

좀녀의 애환 해녀콩

오죽하면 해녀콩 이름 붙었을까

바다 속 물질할 때 응원해주고
시름 토해내는 숨비소리에 화답하다가
망사리 끌고 들어오니 박수 보낸다

곁에 앉아 푸념하는 좀녀의 말
울그락불그락 심정 같이하더니만
붉은 얼굴 새파랗게 바꾸고
모질고도 모진 얘기 속삭여 준다

뱃속 아기 생이별이 얼마나 아팠을까

칼날 바위 위에 갈옷 찢어 걸고
영등신께 잘못 빌고 빌며
검은 모래밭에 태왁 굴리면서
운명을 점쳐 보았지만
험난한 좀녀의 일생 변할 리 없다

몸과 마음이 안타까웠던 해녀콩
여전히 멀리서 좀녀 물질 바라다본다.

해녀콩
제주도 주변의 섬인 비양도, 토끼섬, 차귀도 등지에서 자란다. 2m 내외의 덩굴식물로 잎자루가 길고 3개의 작은 잎이 나와 주변을 덮는다. 열매 꼬투리는 5~10cm 크기의 타원형으로 강낭콩 같은 갈색의 씨가 2~5개 들어 있으나 독이 있어 먹지는 못한다. 옛날 잠녀(잠수, 일제강점기부터 해녀로 바뀜)들이 낙태를 위해 먹었는데 어떤 때는 분량을 잘 못 계산해 산모가 같이 죽기도 했다는 제주도 해변의 애환이 서린 식물이다. 꽃말 "전설".

닭의장풀의 파랑꽃

한여름철 뙤약볕 담금질 마치고
푸른 가을 하늘 색 머금어 성숙해지면
창호지 바를 때 꽃잎 몇 장 종이 속에 따라 들어가
일 년 동안 어머님의 파랑새 되어 안방 문 주변에서
날아다닌다

닭의장풀만이 몰래 가진 푸른 빛
귀중한 것 쉽사리 얻을 수 없듯이
순간적으로 사라져야 하는 섭리
옷감을 염색할 때 시기를 맞추고
신경통 치료 위한 적당한 꽃 목욕
어머님은 어찌 그리 잘 알고 있나

소주잔에 푸른 꽃 띄워 마시며 낭만을 노래하는 젊은
이들에게 항상 하시던 말씀
짧은 즐거움이 세세년년 쫓아다니는 파랑새되지 않도
록 꿈으로 간직하라 하셨다.

닭의장풀
달개비, 닭의밑씻개 등으로도 불리며 길가 풀밭이나 냇가의 습지에서 많이 자란다. 닭장 부근에서도 번식한다거나 닭의 볏을 닮아 닭의장풀이라는 이름이 붙었다고 한다. 한방에서는 압각초, 압척초, 벽죽초라하여 해열, 이뇨, 당뇨 등에 처방했고 민간에서는 화상에 사용했다 한다. 특이하게 파란 꽃을 피워 옷감의 염료로 활용되어 왔고 신경통 치료를 위한 목욕 재료로도 썼다. 겨울을 앞두고 창호지를 바를 때 이 꽃을 손잡이 부근에 넣어 붙이는 지역도 있었다. 아침 일찍 꽃을 피우고 해 질 녘에는 지는 탓으로 꽃말이 "짧았던 즐거움"이라 한다.

하늘타리 꽃

왜 미친년 소릴
나도 몰라 어지러워

하긴
달밤에 흰머리 풀고
여기저기 방황하는 것이
미친년이지

태어날 때부터 꼬인 인생
부딪치는 곳은 담벼락
손 짚어 보니 허공
나무에서 대롱대롱

안 미치면 이상하지

인간사 얽힌 인연
뭉친 실타래
너무너무 어지러워.

하늘타리
하늘수박, 취참외, 하눌타리, 과루등, 천선지루 등으로도 불린다. 중부 이남의 산기슭이나 마을 주변, 집 근처 들과 밭에서 자란다. 다른 물체를 감고 올라가는 덩굴식물로 단풍잎 닮은 5~7개로 갈라진 잎에 짧은 털과 톱니가 있다. 한약재로 중시되는데 뿌리는 왕과근이라는 이름으로 통경, 이뇨에, 열매는 토과실(과여실) 이름으로 화상, 동상 치료에, 종자는 토가인(과여인) 이름으로 진해, 거담, 소염제로 쓰인다. 밤에 피는 꽃이 선녀의 날개옷을 연상시킨다.

원추리 곁에서 근심을 잊다

천 년의 노여움을 내 뿜으며 대지를 태우던 태양이
이별을 고하는 하루살이 날갯짓에 고개를 숙이는
시간 다가오면
활짝 웃고 있던 원추리 꽃도 슬며시 꽃잎을 여민다
멀리서 땅거미가 느릿느릿 오고 있어도 어머니의
손길은 바빠지고
보릿대 짚 태워 모깃불 만들다 생긴 눈물이
부지깽이 든 손등에 떨어진 줄조차 모르는 채
수제비 넣을 호박국 끓이면서 손등으로 이마에서
흘러내린 땀을 닦는다
마당에 펼쳐놓은 멍석 위엔 커다란 상이 비스듬히
놓여 있고
아이들이 열무김치 갖다 놓으며 거들어 준다
저 멀리서 선녀가 저녁놀 색종이 놀이 끝낼 때쯤 되니
매캐한 연기가 땅 위를 장악하고 재티가 난무하는 가운데
입으로 먹었는지 코로 먹었는지 수제비 저녁상도 물린다
멍석에 앉아 있는 가족들의 두런두런하는 말도 때로는
참견하고
모기를 쫓느라 부채로 탁 탁 치는 소리는 흘려 들으며
어머니는 원추리 곁에 자숫물 버리고 있다.

원추리

넘나물, 금침채, 망우초, 의남화, 모여초 등 다양한 이름이 있다. 산기슭이나 습기가 많으면서도 토양이 비옥한 곳에서 주로 자라는 한국 전형의 고전적 식물이다. 어린 순을 나물로 먹고 있으며 꽃은 비타민이 풍부해 요리에 사용되고 색을 넣은 밥을 짓거나 소주에 담아 피로회복제로 마시기도 한다. 한방에서 훤초근이라 불리는 뿌리는 이뇨, 지혈, 소염제로 쓰인다. 원추리 꽃은 수더분하고 조용한 어머니의 상징이라 하여 훤초 또는 훤당이라는 말도 나왔다 하며 "기다리는 마음" 또는 "근심을 잊는" 꽃말과 함께 어머니의 공간인 집안 정원의 주인이라고도 한다.

가늘고 길게 주장 파리풀

누가
굵고 짧게 살라 했나
짜리몽땅 인생을
살고 가란 말인가
10대들의 꿈을 위해
미래의 희망 품고
위대한 목표 달성 위해서
꼭 그렇게
말해야 하는가

굵고 짧게
그것은 멋
그림 같은 것
그리움만 남아
그림자 되어 있는 것

50줄 넘어서면
굵고 짧은 것은
이미 틀린 인생
쪽 팔리더라도
말을 바꿔라
인생은
가늘고 길게라고

정기적인 건강검진
무조건 웰빙음식
운동은 꾸준히
이 약 저 약 챙기고
99세까지 팔팔하게

그렇게 되지
참으로
많이 변해간다

가늘고 긴 줄기 따라
봉오리 하나씩만 천천히
오랜 기간 꽃 피우는
파리풀이
낮잠에 취해
중얼거리고 있다.

파리풀
산과 들의 약간 그늘진 곳에서 자란다. 꼬리장풀 또는 승독초라고도 한다. 가는 줄기가 곧게 서고 줄기와 가지 끝에서 이삭 모양의 꽃이 위로 순서에 따라 천천히 하나씩 피어서 한 번에 만발했다 사라지는 꽃들과 대비된다. 뿌리 즙을 종이에 발라 파리를 죽였다 하여 파리풀이라는 이름이 붙었다. 독성이 강해 파리뿐만 아니라 모기 등 각종 해충 퇴치와 옴, 종기, 벌레 피해 등에 사용되었다고 한다.

노루오줌 이야기

산속의 신비한 존재, 노루
마음에 꼭 드는 총각에게만 선녀를 소개해 주고
누구에게는 금이 묻혀 있는 장소를 알려주며
필요한 사람에겐 명당자리도 찍어 준다

그래서 노루에게 잘 보이려
새봄의 청순한 꽃엔 노루귀
진한 녹음 시작될 때 꽃 피우는 노루발과 노루삼
건강에 좋다는 버섯에는 노루궁뎅이 이름 붙여
주더니만
옹달샘 옆에 산다는 이유로 노루오줌까지
억지로 갖다 붙인다

사악한 것은 인간이라
몰이꾼에 쫓기다가 포수 총에 맞
아 죽어 짝 잃은 노루는
소리 지르며 언제까지나 주변을
배회하다가 인간 만나면
맑은 눈으로 똑바로 바라보며
배신은 나쁜 것이라고 말한다.

노루오줌
산지의 계곡이나 그늘진 습지에서 자란다. 금모삼칠, 홍승마, 호마, 홍두우, 소승마 등의 명칭도 있다. 한여름에 자주 또는 보라색 계열의 자잘하고 털이 난 꽃이 모여 꽃대를 형성한다. 가뭄이나 추위에 강하고 번식력도 좋은 편이다. 한방에서는 뿌리를 관절염과 근육통, 감기, 두통, 위궤양 등에 쓴다. 뿌리에서 지린내가 난다고 하거나 노루가 잘 가는 옹달샘 근처에 있어 노루오줌이라는 이름이 붙었다 한다.

순비기 꽃단장

바람을 빗 삼아 머리 빗어 넘긴 후
얼굴에 염분 가루 살짝 바르고
파도소리로 두드리다가
서둘러 햇볕으로 광을 내 본다

거울을 보고 싶지만
바닷물까지는 너무 멀고
돌밭 모래밭도 지나기 힘드니
한숨지으며 그냥 앉아 있을 수밖에

울지마라
눈물로 고운 화장 얼룩진단다
짧은 것 같으면서도 긴 여름 보내려면
많이 많이 참아야 한다

그리움이란 기다리는 것
파도에 튀겨 나온 물방울들이
검은 바위에 떨어지며
멀리 있는 순비기 꽃에게 외쳐댄다.

순비기
주로 제주도의 바닷가 모래밭에서 자란다. 만형자, 풍나무, 단형 만형 등의 명칭이 있다. 바람이 세고 햇볕이 강한 바닷가에서 줄기를 땅 위로 길게 뻗으며 낮게 자란다. 뿌리가 모래 속으로 들어가는 모습을 해녀가 물질하는 장면과 연관시킨 숨비기에서 이름이 유래되었다고 한다. 그냥 순비기낭 또는 순북낭이라고 부르기도 한다. 한방에서는 두통, 안질, 귓병을 비롯해 타박상, 비염, 해열, 진통, 기생충 등 다방면에서 사용했다. 씨앗을 베갯속으로 사용하면 두통을 치료하고 지압 효과와 허리 통증에도 효능이 있다고 한다. 꽃말은 "보랏빛 그리움"

행복의 열쇠, 삼백초

삼백초
삼점백, 백화연, 송장풀 등으로 불리는데 제주도와 지리산 일부 지역에서 자란다. 꽃이 필 때 수정을 돕기 위해 꽃 밑의 잎이 하얗게 변하는데 흰꽃, 흰잎, 하얀 뿌리를 상징하여 삼백초라는 명칭이 붙었다 한다. 고대에서부터 불로초가 곧 삼백초라고 하는 등 뛰어난 약재로 다뤄왔다. 고혈압, 동맥경화를 비롯해 항암작용까지 수많은 질병에 효능이 있다고 인정받고 있다. 생명력이 강하고 병해충에도 잘 견딘다고 함에도 멸종위기 식물로 관리되고 있는 점이 묘하다. 꽃말은 "행복의 열쇠"

언제나 높은 곳에 떠있는 구름이 행복할까
어느 곳에나 자유롭게 다닐 수 있는 바람이 행복할까
꽃이 매우 아름다워서 행복하고 새가 노래를 잘해 행복할까

인간이 얼마나 행복하지 못하면 행복이란 말을 만들어 냈겠는가
행복하고 싶은 희망을 그렇게 역설적으로 표현하였겠는가
구름도 바람도 꽃도 새도 어찌 행복을 알겠는가
인간만이 행복이 무엇인지 알지 않는가

인간은 무한정 살고 싶은 욕망이 있는데 병들어 죽는다
그래서 행복을 잃어버리고 불행하다고만 생각한다
아프지 않고 오래오래 살면 행복하다 할 것이다
행복할 수 있다는 존재가 있으니 그럴 것이다
인간의 존재를 유지해 주는 것은 약이다
겉모습인 몸을 있게 해 주는 것이다
삼백초가 그 역할을 한다고 한다
행복의 열쇠가 된다고 한다
모든 병 치료한단다
믿거나 말거나.

애기범부채
남부지방과 제주도의 들이나 길가에서 자란다. 이삭 모양의 붉은 꽃이 한쪽으로만 피어 고개를 숙이게 된다. 잎이 부채꼴이라서 부채라는 이름이 붙었으나 범부채에 비해 꽃이 작고 점무늬가 없는 것이 다르다. 색상이 화려하고 개화기가 길어 화단에 많이 심고 꽃이 진 후에도 매끈한 잎이 관상가치를 더해준다.

애기범부채의 꽃빛

오름 위에 봉우리 맺혔던
용암의 밝은 빛
아직도 눈가에 선해
북극의 오로라를 모아
입으로 뱉으며
바다를 붉게
물들여보려 하지만
하늘을 대신하기에는
역부족
제 몸만 태우고 있다.

벌레잡이 통발

어떤 업보가
인고의 수레바퀴를
끊임없이 돌리게 해
어느 별에도
정착하지 못하고
우주를 떠돌게 하는가

작은 부스러기 하나
공중제비 치며
얕은 연못에 떨어졌는데
그나마도
땅을 딛지 못한 채
물속을 떠돌며
살아 벌레잡이 신세
참으로 애절타

살아가기 힘이 들 땐
간신히
물 위로 얼굴 내밀고
노란 꽃 피우며
그래도 우주가 그립다
특수 통신 보내 본다.

통발
제주도의 연못이나 물웅덩이에서 주로 자란다. 뿌리가 없이 물속에 떠다니며 생존하며 이파리 일부가 벌레잡이 통이 되어 물벼룩 등 작은 물벌레를 잡아먹고 산다. 물속의 포충낭 외부에 감각모를 설치하고 벌레가 이를 건드리면 수압의 차를 이용해 능동형 흡입식 방법으로 벌레를 포획하게 되는데 방부제까지 뿌리는 등 과학적 기능을 갖추었다. 물고기를 잡는 통발이 이 식충식물에서 유래되었다 한다. 멸종위기의 희귀식물로 분류되어 있다.

담장 위의 능소화

무어라 말해도 좋다
돌담 위에서 내 삶을 살 뿐이다

오죽 바깥세상 그리웠으면
담장을 타고 오르는 꽃이 되었을까
멀리서 바라보는 님의 모습에
얼굴 붉게 상기된 그 맘 어땠을까
양반집 규수의 상징인가
소화란 궁녀의 기다림인가

죽을 때까지 참을 수 있는 것은
꽃이 되기 위한 명예요
추한 모습 보이지 않기 위해
활짝 핀 채로 떨어지는 것도 긍지고
어사화 되어 영광을 떨치는 것도
능소화의 역할이라

길 가는 나그네 유혹하는
나쁜 년이라 욕해도 좋다
심심 야밤에 담을 넘나드는
바람난 계집이라 소문내도 무심하다
어린아이 눈병 나게 하는
독종이라 경고해도 어쩔 수 없다

능소화가 아름답게 핀 것을 보니
올핸 가뭄과 장마가 같이 오려나 보다.

능소화

금등화, 양반꽃이라고도 불리는 중부 이남의 따뜻하고 비옥한 토양에서 자라는 덩굴식물이다. 가지에 흡착근이 있어 담장이나 벽에 붙어서 올라가는 습성이 있고 10여m까지 뻗어 나간다. 꽃가루에 갈고리가 있어 아이들 눈병을 일으키는 요인이 된다고 한다. 옛날에는 양반집에만 심게 되어 있었고 장원 급제한 서생의 화관을 장식하는 어사화로 사용되었다 한다. 소화란 궁녀가 임금을 기다리다 죽어 꽃이 되었다는 전설이 있으며 꽃말이 "명예, 영광, 자만" 등이라 한다. 꽃은 여성병에 뿌리와 잎은 피부질환에 사용했다고도 한다.

CRINUM

해변의 가수 문주란

노래를 잘하려면
두 발은 땅에 단단히 붙이고
배에 힘을 넣어야 하며
목은 길게 뺀 채
눈알이 튀어나오도록
바닷가에서 발성 연습부터

바다의 치맛자락이
모래 세는 소리를 시작으로
먼 곳에서 뺨 맞고 온 태풍이
바위 부수며 화풀이하는 굉음까지
꼼꼼히 녹음해 놓고
얼마를 연습 하였던가

토끼섬에 모여
천 년을 갈고 닦은
합창곡 부르다가
들어주는 관광객 없자
노래를 중단한 채
발음 좋은 가수 뽑아
홍보 요원으로 보내 본다

파도소리 바람 소리 따라
파견 가수의
저음 노래 들려오고 있는데도
모여드는 청중은
여전히 없도다.

➲ 문주란

제주도 토끼섬 해변의 모래밭에서 자라며 천연기념물 제19호로 지정되어 있다. 상록 다년생 초본식물로서 키가 30~60cm, 잎은 30~60cm로 자라며 알뿌리로 번식하는데 수명이 50년 이상이나 된다고 한다. 꽃은 여름철에 하얀색으로 피며 은은하면서도 깊고 진한 향기가 난다. 어린 손자를 키우던 해녀 할머니가 죽어서도 손자를 떠나지 못해 물질하던 토끼섬까지 나와서 집을 바라보다가 그대로 꽃이 되었다는 전설이 있다.

수줍음 타는 비비추

고개는 저절로 숙여지고
얼굴빛은 붉게 변하고
몸은 마구 떨리고
예전에는 그랬는데
수줍어하면 사랑이라 했는데

세상이 바뀌어
당당하고 노골적인 것을
뻔뻔스럽다 하지 않고
솔직하다고 평가해 준다 해도
비비추에게는 안 통한다

태양을 사모해
몸을 비틀며 따라가도
얼굴 한 번 드는 일 없고
할 말이 쌓여 있어도
침묵뿐이다

비밀이 많은 것도 아닌데
자신감이 없는 것도 아니고
숨고 싶은 것도 아니며
못 생긴 것은 더더욱 아닌데
그냥 부끄러워한다.

비비추
중부 이남의 숲 속 산골짜기나 약간 습한 곳에서 자란다. 반그늘과 부식질이 풍부한 사질양토를 좋아하는데 일부 지방에서는 지부 또는 자부라고도 한다. 어린잎을 나물이나 쌈으로 싸먹을 때 잎에서 거품이 나올 때까지 손으로 비벼서 먹었기 때문에 비비추란 이름이 붙었다는 말도 있다. 옥잠화와는 소속이 다르지만, 전초가 비슷하고 꽃봉오리가 비녀를 생각나게 한다는 점에서 일맥상통한다. 꽃이 한쪽으로 치우쳐 줄줄이 땅만 바라보고 핀다.

갯패랭이꽃

남쪽 지방의 바닷가에서 자란다. 줄기는 여러 개가 뭉쳐 나고 곧게 서며 뿌리잎은 방석처럼 퍼지고 줄기잎은 둥그런 모습에 끝이 약간 뾰족하다. 꽃은 가지 끝에 달리며 우산이 펼쳐진 형태로 피며 꽃 가장자리는 패랭이꽃과 같이 톱니 모양이다. 술패랭이나 구름패랭이 등 패랭이 종류와 유사하며 카네이션의 조상이라 할 수 있다.

해풍 기다리는 갯패랭이꽃

바닷가에 살면
모래도 돌도 바위도
모두 친구인데
착하긴 하지만
너무 따분한 것이 문제다

바닷가에서는
못 되긴 했어도
바람과 사귀지 않을 수 없으니
적당히 친한 척하며
비위도 맞춰주고
대신 좋은 얘기 들으면 된다

바닷바람은 다녀본 곳 많고
여기저기서 배운 것도 많음에
흥에 겨워 보고 들은 것 말해 주도록
언제나 웃는 얼굴로
손뼉 치며 반긴다

바람이 없을 때는
망망대해 수평선 바라보며
미운 바람이
어느 만큼 오고 있나
기다려진다.

뱀의 친구 사상자

얼핏
지나칠 때
모르고 흘렸다는 것은
알 수도 있었다는 말

작고 볼품없는 것은
늘 무시당하는 현실
아 그것 하면
이미 지나버린 과거

사상자에겐
언제나 당하는 운명
뱀의 이름 붙었다 해서야
다시 보아주는 처지

황근

제주도의 바닷가에서 주로 서식한다. 노랑 무궁화라 하여 노란목근화, 부용을 닮았다 하여 황부용 또는 갯부용이라 부르기도 한다. 높이 1~3m로 자라며 수피는 옅은 회갈색이고 잎은 둥글며 장마철이 시작되면 노란 꽃을 피운다. 5개의 꽃받침 조각과 5개의 꽃잎이 있고 많은 수술과 짙은 자주색의 암술머리가 있는 꽃은 장마가 끝나 한여름철이 될 때까지 피었다 지기를 반복한다. 산림청의 멸종위기식물, 환경부의 보호야생식물, 제주도기념물 47호로 지정되어 있다.

황근이 꽃 피울 때

날씨가 사람 마음과 같다네
추웠다 더웠다 하고
맑았다 흐렸다 한다네

겨울에 빨리 여름 오라 하더니
여름 되니 어서 가버리라 하는
인간 마음이 날씨라네

사람들이 싫어하는 장마철
몸에 곰팡이 낀다고 투덜거릴 때쯤
황근이 꽃 피워 인간을 놀리네

회색빛 하늘을 푸르게 바꾸고
어두웠던 심장에 밝은 빛 비추며
날씨 타령하지 말라 하네

어려운 시기가 지난 후의
밝은 날에 대한 인간 마음 안다며
황근 꽃이 지긋이 웃고 있네.

참나리 핀 해변

TIGERLILY

바닷가는 언제나
꿈속 같은 곳

작은 게들이
돌 사이를 오가는 모습
넋 놓고 보노라면
다른 세계에 온 기분

그러고 보니
해변에 피어 있는 참나리도
천국의 꽃 일런가

참나리 핀 바닷가는
가보고 싶은 곳.

참나리
우리나라 전역의 산과 들에서 자란다. 꽃은 뒤로 말리며 주황색 바탕에 검은빛이 도는 자주색 반점이 빽빽이 박혀 있다. 줄기가 1~2m까지 자라며 어린잎에 흰색의 털이 있는데 잎 밑 부분에 짙은 갈색의 주아가 달려있고 이 주아가 씨를 대신해 다른 곳으로 퍼져 발아한다. 한방에서는 뿌리 비늘줄기를 진해, 강장, 진정제로 사용한다. 100여 개의 나리 종류와 200여 가지 원예종이 있다고 하는 나리의 대표가 참나리이고 견내리화, 대각나리, 개나리불휘란 이명이 있으며 한국인의 정서를 대표하는 꽃이라 한다. 꽃말은 "순결"과 "존엄".

불사초 맥문동

수천 년을 이어오며
인간은 불사의 명약을 찾아
지구 곳곳을 헤맸다

본래 신선의 동네
영주산에 살던 맥문동이
인간세계로 내려와
여기저기 앉아 있다

자리가 불편한 콘크리트 사이
차 소리가 정신을 빼앗는 도로변
매연으로 숨 막히는 도심
어느 곳에서나 인간 옆에 있다

사계절 푸른빛과
우아한 자세를 유지하면서
코앞의 불사초 몰라보는
인간을 비웃고 있다.

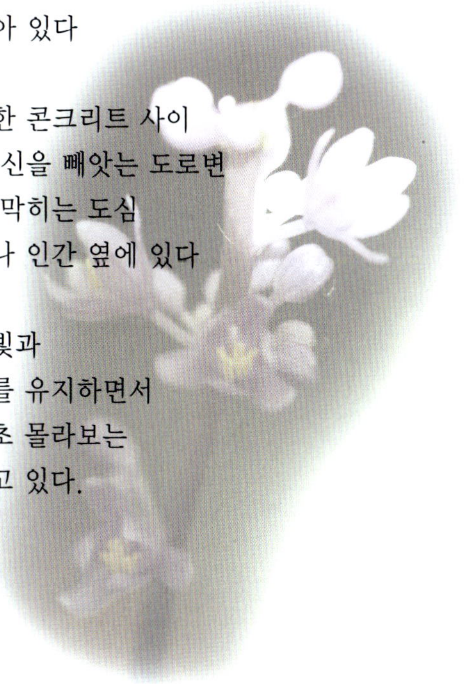

맥문동

중부 이남의 산지에서 자생하는 상록 다년 생 초본식물이다. 뿌리가 보리와 비슷하고 잎은 차조 잎과 유사하며 겨울에 얼어 죽지 않아 맥문동이라는 이름이 붙었다 한다. 계전초, 우여랑, 마구, 불사초 등의 이름도 있다. 짧고 굵은 뿌리줄기에서 잎이 모여 나와 포기를 형성하고 줄기는 곧게 서고 난초 같은 잎이 나와 퍼진다. 지표식물, 원예용으로 점차 재배가 확산해 가고 있다. 한약재로 사용해 왔는데 항산화, 혈류 개선, 심장 수축, 항균, 혈당 강화, 면역, 진정 등 다양한 약리 효과에 대해 연구 중이다.

계요등
닭의 오줌 냄새가 나는 덩굴이라는 뜻에서 한자로 계요등이 되었다. 구렁내덩굴, 계각등이라고도 한다. 충청이남지역의 산기슭이나 길 가장자리 또는 시골 마을의 돌담장에서도 흔히 볼 수 있다. 5~7m로 길게 자라는데 잎과 줄기 또는 꽃 등이 외부의 충격으로 훼손되면 몸을 보호하기 위해 가스를 분비함에 따라 악취가 풍긴다. 꽃은 흰색에 자주색의 꽃술을 가졌는데 개미 침입을 막기 위해 꽃 속에 가는 털이 많이 나 있다. 한방에서는 관절, 황달, 염증 치료 및 진해 거담제로 사용했다고 한다.

계요등이 등불 켜다

여름철 한낮의 땡볕이란
뜨겁기만 하지
밝지는 못해
덤불 속과 바위틈
어둠에 묻힌 채
빛이 무엇인지 모르니
작은 등불 켜고
희망 주리라

밤하늘의 푸른 달빛은
그윽하긴 하여도
너무나 희미해
동물들이 가야 할 길
밝혀주지 못하여
미망에 헤매게 하니
작은 초롱 한데 모아
길라잡이 하리라.

타래난초의 수줍음

풀 속에 조용히 숨어서
남의 시선 받을세라
곁의 풀잎으로 얼굴 반쯤 가리고선
웃는 듯 마는 듯
그윽한 미소 짓고 있구나

앞으로 나서도 보고 싶고
말도 하고 소리도 듣고 싶지만
부끄러운 마음만 가득
옆으로 뒤로 빙빙 돌고
봉 타고 오르면서도 힐끔거리네

그렇게 기다리던 순간이건만
손발이 떨리고
가슴은 방망이질로 요동치며
두 뺨만 분홍빛으로 물들인 채
정신을 차릴 수 없어라

숲 속에선 자태가 고상해야
난초라 인정받는다는 말
잊지 않았으면서도
타고난 수줍음을 어쩔 수 없어
실타래꽃 되어버렸다.

타래난초

전국의 산과 들에서 자란다. 양지바른 잔디밭에서 많이 발견된다. 투구처럼 생긴 작고 앙증맞은 꽃이 나사 모양으로 꽃대를 돌아 올라가면서 피운다. 전설에는 망자의 영혼이 자식 걱정으로 구천을 떠돌다가 백팔번뇌를 하나하나 꽃으로 꼬아가며 복을 빌어 주었다는 말이 있다. 한방에서는 반용삼이라는 약재로 허약체질, 편도선염, 당뇨병에 사용된다고 한다.

바다 지킴이 갯강활

갯강활
제주도와 남해안의 섬 지역 바닷가에서 자라며 여름에 흰색의 꽃을 피운다. 일당귀, 왜당귀, 차당귀라는 이름도 있다. 줄기 속에 노란빛이 나는 흰색의 즙액이 있고 겉에 어두운 자주색 줄이 있다. 큰 키와 곧은 자세로 서 있는 특성으로 인해 눈에 쉽게 띄며 풍채가 의젓하다는 평가를 받고 있다.

큰 파도 뒤에
숨어 있는 저것이
해로운 침입자는 아니겠지

세찬 바람을 이기고
눈을 부릅뜬 채
위풍당당한 자세로
바닷가에 서서
갯강활은 임무 수행 중이다

어떤 땐
조약돌과 갯바위
순비기와 구럼비나무
문주란, 갯무, 갯장구채 등등
모든 바다 병졸 지휘하며
적의 침투 막는 장군이 된다

어느 땐
바다에서 상륙하는
이 땅의 수문장 되었다가
야간엔
불침번 역할까지 한다.

바닥에서

웃는 딱지꽃

장마가 끝나니
매미가 소리 지르
기 시작하고
딱지꽃은 바닥에서 웃는다

장마 때는
사는 곳에 늘 물이 고여
간신히 물 밖으로 턱 내밀었는데
바람이 콧속으로 물줄기 넣어
숨은 캑 캑
눈물은 자르르
정신까지 오락가락
장대 같은 빗줄기 때릴 땐
수 없는 자맥질
그랬었는데
이제 고생이 끝났나 보다

얼굴이 노래진 딱지꽃
인내란 필요하다며
밝아진 삶에 환하게 웃고 있다.

딱지꽃
전국 각처의 산비탈, 들, 개울가, 바닷가 등지에 사는 다년생 초본이다. 위릉채, 독롱풀 또는 이파리가 지네를 닮았다 하여 지네풀이나 오공초라고도 불린다. 잎은 짙은 녹색이고 뒷면은 솜털이 밀생하여 희게 보인다. 꽃이 양지꽃과 비슷하나 잎에서 많은 차이가 난다. 어린 순은 나물로 먹기도 하고 튀김이나 차 등의 재료로도 활용되며 한방에서는 굵은 뿌리를 말려 거풍, 지혈, 해독 소종, 풍습, 간결핵, 이질 등 다양한 치료제로 사용한다.

가까이하기엔 위험한 협죽도

숨이 막힐듯한 저 아름다운 여인은
분명 꿈속에서 본 그 사람 모습 같은데
햇볕에 반사된 빛이 눈 부셔
영롱한 물방울로 변해 버린 채
그만 안개 속에 숨어 버리고 만다

멀리 있는 것이 다행스럽다
무서운 독이란 눈으로 보는 것만으로도
빛을 타고 실핏줄 속으로 들어와
그 여인에 대한 욕망이 지워질 때까지
야금야금 뇌 속을 갉아 먹은 후
영혼을 취해 밖으로 나간다

위험한 여인은 마주치지 않는 것이 좋다
이런저런 인연으로 만나게 되면
그림 같은 자태에 빠지고 향기에도 취해
주의하란 말 잊어버리 곤
순간의 즐거움으로 음주운전 하게 된다.

협죽도
잎은 버드나무 잎을 닮았고 꽃은 복숭아 꽃과 비슷하다고 하여 유도화란 이름으로도 불린다. 제주도에 주로 자라고 있는데 염분과 공해에 강하다. 아름다운 꽃이 7월에 피기 시작하여 홍색, 백색, 노랑색, 자홍색, 황백색 등 다양한 모습으로 겹꽃과 더불어 가을까지 이어진다. 잎과 가지가 강심제, 이뇨제로 사용되었다고 하나 수학여행 중인 여학생이 나뭇가지를 꺾어 도시락을 먹은 후 사망한 사례 때문에 독성에 대한 관심을 불러일으켰다. 3종류의 치명적이고도 강한 독이 나무 전체에 들어 있어 예전에는 사약의 재료 및 화살촉에 바르는 독으로 사용했다고 한다. 꽃말이 "주의", "방심은 금물"이라고 한다.

예민한 꿩의다리

밭이랑 사이에
알 수 없는 문자 남기면서
잽싸게 달려 나가
덤불 속으로 들어가더니만
꺽 꺽 울어 댄다

큰 지진이 오려나
진공관이 들어있어
미세한 땅의 진동 알아채는
꿩의 다리가
떨고 있다

어느 여름날
수풀 속에서 하얀 꽃 피운
꿩의다리도
공기의 흔들림을 느끼며
무언가 말하고 있다.

꿩의다리
관목과 풀이 어우러진 그늘에서 자란다. 줄기는 속이 비어 있고 곧게 서며 분처럼 흰빛을 띠고 있다. 꽃받침 조각은 꽃이 피면서 떨어지고 꽃잎도 없으며 하얀 수술이 수북하게 모인 모습이 꽃이 된다. 마디가 길고 늘씬하여 꿩의다리라는 이름이 붙었는데 좀꿩의다리를 비롯해 큰, 은, 금, 연잎, 자주, 산, 꽃 등 앞에 수식어가 붙은 여러 종류가 있다. 한방에서는 마미련이라는 이름으로 감기, 두드러기, 설사, 장염, 종기 등에 사용된다. 꽃말은 "평안".

더위 먹은 개곽향

꽃을 피우려면
밑에서부터든지 위에서부터든지
아니면 동시에 피던지
뒤죽박죽

꽃잎도
크려면 크고 작으면 작고
동그랗든지 길쭉하든지
제멋대로

줄기에 이파리까지
털이든 가시든 제대로 나던지
잎에 톱니가 나면 톱같이 보여야지
개념이 없어

여름철에 가끔
이상한 말을 한다거나
정도에서 벗어난 행동을 하면
더위 먹었다 한다.

개곽향
산과 들의 다소 습한 지형에서 자란다. 좀곽향이라고도 하는데 좀이나 개의 글자가 들어가면 작고 볼품없는 것이 많으나 개곽향은 다른 곽향류보다 크다. 줄기가 모나고 곧게 서지만 가지나 잎이 제멋대로 난다. 잎 뒷면이나 가지에 털이 보이다 말 다 하고 잎 가장자리의 톱니도 불규칙적이다. 꽃이 보통 총상꽃차례로 핀다고 하나 무질서하게 이쪽저쪽에서 피었다 지며 꽃잎도 윗입술이 갈라지고 아랫입술이 3개이나 중간 것만이 큰 비대칭이다. 한방에서 더위 먹었을 때 약용으로 사용한 식물이라 한다.

거지덩굴 꽃의 독백

거지덩굴
남부지방의 산과 들에서 자란다. 걸이덩굴, 까마귀삼동, 새받침덩굴, 풀머루덩굴이라고도 하고 5개로 갈라진 잎을 비유해 오갑등, 오조금룡, 오룡초 등의 이름도 있다. 다른 식물을 덮거나 감아서 말려 죽이는 정도로 생존력이 강하다고 한다. 한방에서는 오렴매란 이름으로 악성종기와 진통제, 방광염 등에 사용했으며 여드름에 좋다고 한다. 걸이덩굴이 변해 거지덩굴이 되었다는 말도 있고, 곤충이 갉아 먹은 이파리가 누더기라서, 거지같이 살아서, 또는 거지 얼굴을 멋있게 바꾸는 효능이 있어서 거지덩굴이라는 말도 있다.

아름답다는 말을 듣고 싶은 마음 애당초 없다
화려하다는 평가는 더더욱 바라지 않고
멋스럽다고도 생각지 않으며
우아하지도 못하다
잘 안 보이면 수줍어한다거나
작은 꽃에는 앙증맞다는 말을 붙이지만
황금 왕관을 쓴 이 몸에는 어떤 수식어도 없다

보통 사람은 무시해 버릴 때
사진작가는 세밀히 분석해 변론하고
시인은 눈물을 흘리며 동정적인 글을 쓰지만
거지덩굴은 살기 위해 여기저기 기어 다니며 중얼거린다.

누가 거지같은 이름 붙여놨어……

8월 나른하게 졸리는 풀꽃

산수국

주로 중부 이남 지역의 산골짜기와 습기가 많은 자갈밭 등지에서 자란다. 본래의 꽃인 양성화 주위에 중성화 또는 무성화라 불리는 꽃을 달고 있는 점이 특징이다. 꽃다발 가에 피어 있는 것은 진짜 꽃이 아니고 곤충들을 불러들이기 위해 만들어 놓은 유혹의 매체로서 헛꽃, 홀림꽃, 가짜꽃, 위화 등으로 표현한다. 헛꽃뿐만이 아니라 꽃의 색깔도 기후나 토양에 따라 여러 가지로 바뀌는 경우가 많다. 그래서 꽃말도 "변하기 쉬운 마음"이라고 한다. 제주도에서는 한여름 밤에 도깨비처럼 보인다하여 "도체비고장(꽃)"이라고 부른다.

여름 길목에서 상기된 산수국

본격적인 더위를 느끼는가
녹음 냄새 맡을 수 있는가
새소리 벌레소리도 들리는가

중국 가면극 변검을 시작해보자
초록 의상 바탕삼아
하얀색 헛꽃 달아 눈을 홀리게 한 후
분홍빛 얼굴로 웃어주다가
보라색 자주색 남색으로도 바꿔본다

더위엔 귀신이 최고라
어스름한 달밤엔 푸른 얼굴 도깨비로
시원함을 선사한다

산골짜기 모여 사는 산수국들
한 여름철 다가오면 신이 나 있다.

돌가시나무의 비밀

찔레꽃이라 불러주지만
꽃 아닌 나무랍니다

바닥에 붙어서 밟힘 당해도
나물도 풀도 아닌 나무랍니다

기다란 줄기로 기어 다녀도
덩굴 아닌 나무랍니다

돌 틈에서 자라고 가시가 있어
그냥 돌가시나무라고 합니다

오해가 가끔은 좋을 때가 있어도
아닌 것은 아니라고 합니다

그래도 비밀이 있다고 추궁하면
웃고 말아야지요.

돌가시나무
남부지역 산기슭이나 해안가의 양지바르고 물 빠짐이 좋은 돌 틈, 잔디밭의 땅에 기면서 자란다. 5월에 흰색의 꽃을 피우기 시작하여 11월까지 한두 개씩 지속적으로 낱개의 꽃이 핀다. 제주도에 많은 가시나무의 종류(종가시나무, 붉가시나무, 참가시나무, 홍가시나무, 개가시나무)와는 전혀 다르며 찔레와 비슷하지만 잎이 작고 꽃은 크며 소속도 다르다. 꽃말은 "희망과 평화"라고 한다.

칡꽃으로 무엇을 할까

도시의 술독에 찌든 처남
여름휴가 대비해 술은 담아 놓았고

초등학교 동창생 모이는 곳
옛날 다방에 갖다 주고 차에 띄워달라고나 할까

효소 만드는 아낙들의 수다엔
다시 한번 산에 올라가 꽃을 따오는 것으로 외면하고

말려서 차곡차곡 쌓아 놓았다가
제약회사 구매자 찾아올 때 비싼 값 받는 방안 마련해야지

그래도 향기만은 몰래 간직해
꼭 필요할 때 쓸 수 있었으면 좋으련만.

칡
비교적 낮은 산과 들에서 자라는 덩굴식물이나 나무로 취급받는다. 20여m의 길이로 바위나 나무를 타고 오르며 8월에 홍자색의 꽃을 피운다. 밭에서는 왕성한 번식력으로 귀찮은 존재가 되나 오랫동안 서민들이 요긴하게 활용하여 왔다. 칡 자체는 가축의 먹이가 되고 전분이 많은 칡뿌리는 갈분으로 만들어 묵이나 죽을 쑤어 먹었고 섬유성분이 많은 껍질을 벗겨 갈포로 사용했으며 민간에서는 꽃을 주독을 없애거나 하혈에 썼다고 한다. 한방에서는 발한, 해열에 사용하였고 건강식으로 술, 차, 효소 등을 만들어 먹고 약제와 향수로도 활용한다.

등골나물의 복잡한 꽃

벌이 다가와
무슨 꽃이냐 물어보아도
답변을 주저주저한다

나비가 앉아
왜 이리 복잡하게 사느냐고 물어도
말을 하지 않는다

꿀이 필요하면 꿀을 갖고 가고
향기가 필요하면 맡고 가면 되지
무슨 말이 많으냐고 한다

사연이 있기에 이렇게 태어났고
또 그렇게 살아가야 할 터이기에
더 알 필요 없다 한다.

등골나물
산과 들의 초원지대에서 자란다. 자줏빛 나는 흰 꽃이 복잡하게 핀다. 풀 전체를 말릴 때 등꽃 냄새가 난다거나 잎의 가운데에 갈라진 잎맥이 등골의 고랑과 같아 등골나물이 되었다는 말이 있다. 민간에서는 종기나 부스럼, 곪은 곳에 잎을 짓찧어 발랐고 한방에서는 황달, 당뇨, 중풍, 통경, 고혈압, 폐렴 등에 쓰였다 한다. 어린 순을 나물로 먹는데 맵고 쓴맛이 강해 데쳐서 우려내고 먹어야 한다. 꽃말은 "주저", "망설임".

야성미 뽐내는 엉겅퀴

줄기엔 가시 잎엔 톱니
힘센 동물들 겁주어 견제한다

현란한 색과 은은한 향기
작은 곤충들 줄줄이 몰려든다

산과 들 수 없이 많은 존재
여러 야생화 속 당당함 과시한다

봄부터 겨울까지 피어 있으며
알 듯 모를 듯 무게 지킨다

꽃 뭉치 속 수백의 작은 꽃들은
낙하산 펼치며 떠날 준비 끝났다

민들레만 풍매화라 하지 말라
진정한 바람꽃은 이 몸이노라

조뱅이 지칭개 방가지똥과
뻐꾹채 산비장이 모두 사촌들이다

바늘엉겅퀴 고려엉겅퀴는 형제며
항가새 대계초 마자초는 내 이름이다

봄나물로 맛있어 가시나물 되고
한방에선 지혈과 강장 해독 약재도 된다

햇빛에 반사되어 상기된 얼굴 보이지만
언제나 냉철한 정신 유지하고 있단다.

엉겅퀴
"자연을 사랑하고 싶으면 엉겅퀴를 심어라"라는 말이 있을 정도로 자연과 친숙하다. 피가 엉기는 효능이 있다고 해서 엉겅퀴라는 이름이 붙었다고 한다. 스코틀랜드에서는 "나라를 구한 꽃"으로 우대받는다. 유사한 종류가 전 세계에 250여종이 있고 같은 것도 15가지나 된다.
가시나물이라는 이름으로 불리고 곤드레(고려엉겅퀴)란 나물로도 유명하지만 잎과 가지에 무서운 가시가 있어 실제 나물로 채취하는 경우가 별로 없다. 가시는 동물들로부터는 몸을 보호하지만 곤충이나 진딧물 같은 약한 생명체는 보호해주는 역할을 한다. 민간에서는 코피, 잇몸출혈 등 지혈과 부기를 빼는데 사용되어 왔고 한방에서는 대계 또는 지정이라는 이름으로 고혈압, 냉증, 위장병 등에 처방했고 최근 독일에서는 간경화 치료제로 연구 중이라 한다.

달맞이꽃
전국 각지의 산과 들, 길가나 빈터에서 자라는데 이 땅에 정착하지 천 년이 넘었으면서도 귀화식물이라는 말을 듣는다. 예전에는 밭에서 잡풀로 귀찮은 존재이었다가 최근 만병통치 약효가 있다는 등 귀하게 대접받고 있다. 한방에서 뿌리를 원견초라 하여 감기, 인후염, 해열 등에 사용했고 씨는 월견자라 하여 고지혈증의 치료제로 처방했었는데 현대에 들어와 종자유에서 오메가3니 감마리놀렌산이니 하는 물질을 개발해 갱년기 증상을 비롯해 관절염, 고혈압, 당뇨, 비만, 등 각종 성인병 치료에 특효약으로 사용하고 있다. 그리스 신화에 달을 사랑한 님프가 모함을 받아 달도 별도 없는 곳에서 살다가 죽은 후 꽃이 되었다는 설화가 있다. 꽃말은 기다림, 밤의 요정, 소원, 마법, 말 없는 사랑 등이라 한다.

밤의 요정 달맞이꽃

그대
날 보러 기다리고 있나요
그렇게 웃지만 말고
말 좀 해보세요

유혹하지 말아요
밤이 되면 괜스레 허전해지고
말벗이 필요하다는 것
잘 알잖아요

열대야를 어찌 알고
한 여름철에만 슬며시 나타나
보일만 한 곳에서 손짓하며
마음을 울렁이게 하나요

달이 뜨면
마법을 펼치는 그대
너무 많은 사랑을 받으면
어찌하려 하나요.

한라개승마
한라산 계곡의 바위틈에서 자라는 한국특산식물이다. 높이가 20cm 정도이며 잎은 넓은 삼각모양의 3출엽으로 어긋나게 갈라지며 끝이 뾰족하고 톱니가 있다. 8월에 노란빛을 띤 흰색 꽃이 줄기 끝에 피는데 줄 모양의 복층꽃차례형식으로 올라가며 꽃잎보다 긴 여러 개의 수술과 3개의 씨방을 가진 작은 꽃을 피운다. 산림청 지정 희귀 및 멸종위기식물로써 한라구절초, 한라돌쩌귀, 한라돌창포, 한라솜다리 등과 같이 한라산 명찰을 달고 있다.

수행 중인 한라개승마

도란
홀로 깨닫는 진리라 하여
가능한 속세와 멀리 떨어져
높은 산 바위 곁에
자리 잡았지만
바람도 구름도
혼자이길 용납하지 않고
사사건건 간섭하니
항간에 있는 것과
무엇이 다르던가

도를 닦으면
무언가 달라질 줄 알았는데
봄에 잎이 나와
여름엔 꽃 피우며
벌 나비 기다려야 하고
햇볕도 그립고
비는 더욱 반가워해야 하니
이 무슨 굴레이던가
변할 길 없는 것이
정녕 진리란 말인가.

왜 방울꽃이라 하는지 몰라

왜 방울꽃이라 부르는지
나도 정말 모르겠어

생기기는
시골 마을회관 지붕에 달아 놓은
투박한 스피커 같은데

있는 곳도
숲 속의 습하고 그늘진 나무 밑
귀신 소리나 들리는 곳인데

맑은소리 낼 것 같은
예쁜 은방울꽃이나 금낭화에겐
너무나 미안스러워

어찌하겠소
붙여준 이름 그냥 써야지.

방울꽃
제주도의 산기슭 비교적 낮은 지대의 습기가 있는 그늘에 서식한다. 보라색 계열의 꽃이 줄기 윗부분에 달리는데 화관은 통 모양이고 밑 부분이 갑자기 좁아지며 조금씩 굽은 형태고 꽃받침은 5개이다. 꽃이 적은 숫자인 한 쌍으로 피지만 하나가 아침에 피었다가 저녁에 질 때 다른 하나가 피어오르기 때문에 두 개가 만나는 경우가 드물다. 하늘 향해 피어 있는 꽃 자체도 민감하여 조금만 스쳐도 떨어진다. 동요의 "쪼~로롱 방울꽃"은 은방울꽃이나 금낭화를 말하는 것으로 해석되고 있으며 이 방울꽃과는 무관하다고 알려진다.

학이 물어다 준 풀 짚신나물

그대가 아픈 몸 나을 수 있다면
그것이 무엇이든 찾아올 수 있답니다

그대가 배고픔을 면할 수 있다면
어떤 음식이라도 먹을 수 있게 하겠습니다

그대가 조금이라도 만족해한다면
그것은 내가 살아갈 수 있는 보람이랍니다

그대가 기뻐하는 모습을 보는 것이
나의 진정한 행복이랍니다

선학초의 노란 꽃이 웃고 있는 것은
모든 것에 감사할 줄 알기 때문입니다.

짚신니물

전국의 산과 들에서 자란다. 잎이 짚신을 닮았다고 하거나 열매에 갈고리가 있어 짚신에 달라붙었다고 해서 짚신나물이 되었다는 말이 있다. 과거 보러 가던 선비가 피를 흘리며 죽어갈 때 두루미가 떨어뜨려 준 약초를 먹고 나았다는 전설이 있어 선학초라고도 한다. 한방에서도 용아초라 하여 지혈제로 사용했다. 최근 철분, 단백질, 섬유질, 비타민 등 다양한 영양물질이 많이 함유됐다 하여 산나물로 활용되고 있을 뿐만 아니라 강력한 항암제로 연구되고 있고 장염, 설사, 위궤양, 간장병 등의 약제로도 활용되고 있다. 꽃말은 "감사".

사위질빵

질빵풀이라고도 하나 덩굴성 나무에 속한다. 여름에 하얗게 피는 꽃은 꽃잎이 없고 4장의 꽃받침 위에 많은 수술과 암술이 우산처럼 펼쳐져 있다. 옛날 농가에서는 칡이나 댕댕이 같은 덩굴을 생활도구로 만들거나 하는데 다양하게 사용했는데 사위질빵은 흔해도 잘 끊어지기 때문에 쓰지 않았다. 장모가 사위에게는 짐을 많이 지지 못하도록 약한 이 덩굴줄기로 매 주었다는 비아냥 때문에 이름이 붙었다 한다. 어린 순은 식용하나 유독성분이 있어 삶아 우려낸 후 묵나물로 먹어야 하고 한방에서는 여위라 하여 간질, 곽란, 설사, 천식, 기침 등에 사용했다 한다. 꽃말은 "비웃음".

비아냥 받는 사위질빵

비가 많이 오면 홍수 난다 하지만
사랑엔 적당함이 없다
눈치도 없고 체면도 없어
남이 무어라 말하든 개의치 않는다
뒤에서 비웃어도 좋고
대놓고 욕을 한들 어떠랴
사랑이란 원래 맹목적이고
무한정이어야 사랑이라 했다

그런 사랑 때문에
장모의 지나친 배려로
허약한 사위의 상징이 되고
대대손손 흐르면서
비아냥의 대명사가 되어 온
사위질빵이
시대가 변했다고 하소연한다.

연꽃의 숨결

눈 감고 있어도 훤히 비치는 느낌
그대의 숨결

눈을 크게 뜨고 바라다보면 오히려 멀어지는
그대의 숨결

고운 자태를 넓은 연잎 속에 숨기려 하지만
그 숨결 더 멀리 퍼지고

은은한 향기는 물속에 감추려 하지만
오히려 숨결은 밖으로 드러나니

시공을 초월해 있는 듯 없는 듯 하는 존재
숨결이 알려 준다.

연꽃
불교에서는 부처님의 탄생을 알리는 상징적인 꽃이며 부처나 스님의 좌대가 되기도 한다. 연꽃의 상징과 관련 더러운 물속에서 아름다운 꽃을 피운 것에 대해서는 속세에서의 정화된 신행을 강조하고, 꽃과 열매가 동시에 맺는 특성에 대해서는 인과의 법칙을 알려주며, 막 피어오르는 꽃봉오리의 모습에서는 합장하는 기본자세라고 하고 있다. 중국에서도 진흙 속에서 깨끗한 꽃이 피었다는 뜻으로 군자의 풍모와 선비의 고결한 정신을 표현한다. 우리나라에서는 효녀 심청이 다시 살아나는 매개체로 삼아 신비로움과 효성을 전파했다.

덤불 속에 숨어 있는 여우팥

아침 되어 눈을 떠 보아도
어두침침한 세상
더듬더듬 잡히는 대로 잡으며
밝은 빛 비치는 방향으로 움직이다가
힘들면 잠시 쉬기도 하고
몸에 양분도 축적하고
땅속으로 흐르는 물소리에 힘을 내
다시 몸을 일으키곤
사는 게 다 그렇지 푸념도 하면서
언제나 좀 좋아 지려나
희망을 품는 게 죄인가
이 생각 저 생각에 빠져 있다가
구름 흐르는 하늘이 보이자
갑자기 놀라 노란 꽃 활짝 피운다.

여우팥

남부지방의 산이나 들에서 자란다. 덩굴성 다년초로서 햇볕이 잘 드는 양지의 덤불 속에서 다른 식물들을 감고 올라온다. 잎은 마름모꼴로 끝이 뾰족하고 잎자루가 길다. 삼출엽의 잎겨드랑이에 3~8개의 노란 꽃을 피운다. 잎의 모양이 여우의 귀 또는 머리를 닮았다고 해서 여우팥이라고 불렀다 한다. 돌팥, 새콩이라고도 하며 한방에서는 종자를 야편두라 하여 종기와 여성병 치료에 활용되었다 한다.

해오라비난초의 날개

보고 싶다
너무나도 보고 싶다
강 건너 안개 속에 서 있는 그대를 보고 싶다
이역만리 떨어져 혼자 울고 있는 그대를 보고 싶다
지구를 떠난 우주의 먼 행성에서 사는 그대를 보고 싶다

날개가 있다면
백학의 새하얀 날개가 있다면
우아하게 훨훨 날아 그대 있는 곳에 갈 터인데
천국이 아무리 멀어도 지옥으로 가는 길이 험난해도
날개가 닳아 없어질 때까지 끊임없이 펄럭이며 찾아갈
터인데

꿈속에서라도 보고 싶어
종이학 접어 머리맡에 두고 잠드니
두 팔이 날개가 되어 검은 허공으로 날아오른다.

해오라비난초
옛날 큰 강을 사이에 두고 한 처녀와 신비의 아들이 사랑을 하게 되었으나 소문을 두려워한 신비가 아들을 통제하였다. 그래도 아들은 처녀를 만나기 위해 어두운 저녁 강으로 갔지만 다리가 끊어져 있었고 강 건너 멀리 서 있는 처녀를 보고 싶어 칡덩굴을 잡고 건너려다 물에 휩쓸려 사라져 버리니 이를 본 처녀도 강에 뛰어들었다. 두 사람이 죽은 강가에 강을 넘어 다닐 수 있는 하얀 날개 모양의 꽃이 피었는데 마을 사람들이 "해오라비난초"라는 이름을 붙였다. 그래서 꽃말이 "꿈속에서도 보고 싶다"가 되었다 한다.

부처꽃의 자세

물가에서 연꽃을 바라보다가
연꽃을 대신하게 되었단다

본래 불성이 있었는데
갑자기 불성을 얻었다고 하여도
도통 반응이 없다

바람이 불어도
태양 빛이 따가워도
물에 비친 자신의 모습만
물끄러미 바라볼 뿐이다

천굴채로 불린들 어떨까
두렁꽃이라 해도 무관하다
약재로 써 준다 해도
관상용으로 변했다 해도
아무렴 어떠랴

부처꽃이란
이름 유지가
얼마나 어려운지 아는가

결가부좌 자세 한번 잡으면
꽃 질 때까지는
절대 안 바꾼단다.

부처꽃

부처꽃: 음력 7월 15일 백중날에 부처님께 공양할 연꽃이 없자 색이 비슷한 이 꽃을 대신 바쳤다 하여 부처꽃이라는 이름이 붙었다 한다. 전국의 물가, 연못, 초원의 습지에서 무리 지어 피어나는 여름꽃이다. 논두렁 밭두렁에 있다고 하여 두렁꽃 또는 우렁꽃이라는 이름이 있고 독을 제거한다 하여 패독초라고도 부르며 한방에서는 천굴채라는 약명으로 항균, 해독, 이질, 당뇨, 방광염 등의 치료제로 사용한다.

금불초

여름에 피는 들국화라는 의미로 하국이라고도 한다. 산과 들의 낮은 곳, 물기가 많은 지형에서 자란다. 국화과이나 다른 국화류에 비해 꽃잎이 좁고 길게 나와 있는 것이 특징이다. 샛노란 꽃 때문에 금부처꽃이 되었는데 황금 동전을 의미하는 금전화라는 명칭도 붙었다. 어린 순을 나물로 먹거나 된장국을 끓여서 먹었고 민간처방으로 목감기와 위장에 썼으며 한방에서는 선복화란 약명으로 진정, 살균, 이뇨 관련 질환 및 뱃속 가스제거 등 다양한 약제로 사용했다 한다.

금불초의 자비

황금빛 자태는 부처님 후광
어느 곳에서 자리 잡아도
모든 중생 찾아오기 쉽게
밝은 빛 비춰준다

이타행의 모범 보이려
어린잎일 땐 나물로
노란 꽃 피워 민간처방
말려서도 한약재 역할

어찌 인간뿐이랴
모든 식물에 빛 밝혀주고
벌 나비에게 꿀 나누며
시범 보이는 자비행

곁에 서 있는 바위에게
가진 것 없고
움직이지 못한다 해도
자비는 베풀 수 있다 한다.

숲 속의 신비, 버어먼초

어느 스님이 고행을 하다가
숲 속에 꽂아 놓은 지팡이인가

어두킴킴한 이 사바세계에서
보이지 않는 피안의 별을 그려보며
빛이란 하얀 색일 것이고
별이란 각이 진 노란 모양으로 추측
공력을 기울여 본다

불심이 있으면 어떻고
불성이 없으면 또 어쩌랴
별처럼 반짝이는 생명의 윤회
그런 별조차 볼 수 없는
어두운 숲 속에서 태어났지만
방황하는 미망의 중생들에게
작은 빛 밝혀주며
깨달음의 길 인도하려는 듯
조용히 서 있다.

버어먼초
제주도의 삼나무 숲 속 부엽토에서 양분을 얻어 여름철에 피어나는 부생식물이다. 사진작가가 발견한 식물에 대해 당시 전문가라는 한 사람이 네덜란드 버먼이라는 식물학자의 이름을 따서 만들어진 학명을 그대로 사용하다 보니 순수 토종식물에 서양 이름이 붙게 되었다 한다. 석장(승려가 짚는 지팡이)이라는 이명이 있어 사진작가들은 명칭을 석장으로 바꿔야 한다고 주장한다. 빛을 보지 못해 광합성이 불가하고 엽록소가 없으며 잎도 퇴화한 채 흰색의 줄기에 아주 작은 옅은 노란 색의 꽃을 피운다.

좁쌀보다 작은 이삭여뀌

마음에 꽃이 있는 사람만이
눈으로 볼 수 있다는 꽃

굳이 꽃이라 표현할 이유 없건만
무시당하면
서러울까 두려워
붉은 광채 내며 꽃이라 한다

자존심 세우며 높이 솟아올라
좁쌀 알갱이 달고 있는 꽃

안개가 모여 이슬 만들고
아침 햇살이 조명으로 비추니
등에가 지나치며 눈인사하곤
꽃임을 인정해 준다.

이삭여뀌

숲 가장자리의 풀 속이나 산골짜기 습지에서 자란다. 마디가 굵고 털이 많으며 잎에 검은 줄무늬가 있는 것도 있다. 원줄기 끝에 긴 꽃대를 세우고 벼 이삭 모양의 작고 앙증맞은 꽃이 드문드문 성기게 핀다. 민간요법으로 포기 전체를 끓여 차 대용으로 마시면 신장병에 효과가 있다고 했으며 한방에서는 금선초란 약명으로 진통과 지혈 기능을 활용해 관절통과 위통 및 각종 출혈에 처방한다고 한다.

Scutellaria orthocalyx Handel-Mazzetti

입술을 깨문 소황금

무엇이 그리 그리운가요
붉은 입술이
퍼렇게 되어가고 있네요

울고 싶으면 울어 버리세요
그렇게 입술만 깨물면
가슴이 멍들어 버린답니다

황금의 가치보다 큰 것이
정이란 사실은
누구나 알고 있어요

속으로만 삭이지 말고
자주색 입술 열어
사연을 말해 보세요.

소황금
제주도의 백약이오름에서 발견된 미기록종이다. 병풍초라는 중국식 명칭이 있으며 황금과 유사하다. 황금은 산지의 풀밭에서 자라는데 약제나 관상용으로 많이 재배되고 있다. 한방에서 황금 뿌리를 말려서 해열, 이뇨, 폐렴, 고혈압, 두통, 관절염 등 다양하게 사용한다고 한다. 최근 제주자치도에서는 소황금을 증식시키기 위해 한라수목원 등지에서 다각적인 연구를 하고 있다.

중대가리나무

우리나라에 1종 1속밖에 없는 희귀하면서도 학술상 중요한 가치를 지닌 식물로서 제주도 남쪽 산기슭에 분포한다. 꽃 모양이 스님의 머리를 닮아 중대가리나무라 불리고 한자로는 승두목이라 하였는데 이름이 점잖지 못하다 하여 구슬꽃나무로 개명했지만 여러 자료에는 여전히 중대가리란 명칭으로 등록되어 있다. 한방에서는 줄기와 꽃을 사금자라는 약제로 삼아 장염, 설사, 습진, 외상, 출혈 등에 사용했다고 한다.

중대가리 아닌 구슬꽃

Adina rubella Hance

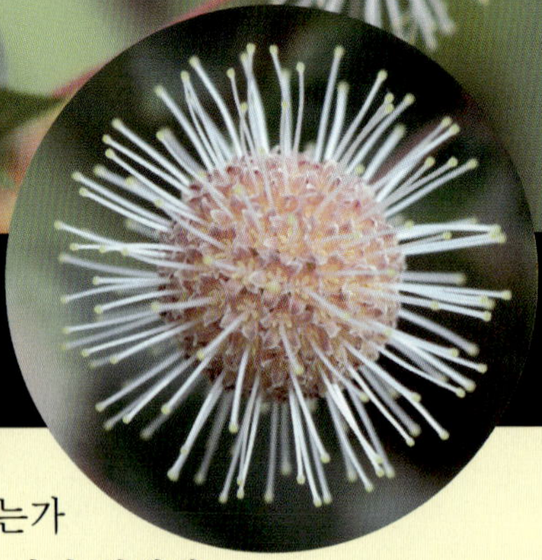

머리카락은 번뇌의 풀
있으면 안 되기에
삭도로 자르고 면도기로 밀고
거울처럼 반질반질

살아 있으면 자라나는 것은
중생의 머리카락
세속과의 인연을 끊는 것이
어찌 쉬운 일일까

비웃고 있는가
구슬 같은 머리 위에서
백팔가지 번뇌 다시 생기니
웃기게도 보이겠지

중대가리 소리 듣는 것도
수행 중의 하나라
고운 구슬꽃으로 바뀔 때까지
일념으로 정진할 뿐이다.

여리여리한 어리연꽃

새로운 세상 꿈꾸다가
연못에 떨어져 버린 작은 별

친구들 놀고 있는
우주로 돌아가고 싶건만
어떻게 왔나 모르듯이
가는 법 알 수 없고
간다고 반길지조차 걱정스러워
여린 가슴만 조마조마

어리연

제주도와 중남부 일부 연못이나 습지에서 자라는 다년생 수생 식물이다. 물 위에 뜬 잎에서 뿌리가 나와 물 위를 떠다니며 수질도 정화하고 곤충에게 산란 장소도 제공하는 등 생육환경을 조성해 준다. 어리연꽃이라는 말은 작은 연꽃을 의미한다고 하나 연꽃과는 전혀 다른 용담목 조름나무과에 속한다. 사촌인 노랑어리연이 진흙 속에 뿌리를 내린 붙박이지만 어리여은 꽃도 훨씬 작고 늦게 피며 물 위를 떠다니는 부평초와 같다.

연못에 떠다니며
어두운 수면 밝혀주어 보았으나
반사 빛만 허공에 맴돌고
순채도 통발도
수면 따라 정 주려 하지 않으니
수척한 모습 애틋함이라

연못에서 방황하는 어리연
언제쯤 정착하려나.

취하면 생각나는 부용

땅을 뜨겁게 달구었던 태양이
내일 다시 오마 하고 떠나갈 때면
시원한 바람이 손을 흔들어 주고
하늘도 정육점 조명을 켜니
술꾼이 안주 걱정 시작한다

웬수 같은 태양이 내일 다시 와
등짝에 콩을 볶아 대든 말든
지금은 달 친구 있는 하늘이 좋아
그대 한잔 나 한잔 나누다 보니
어느새 술잔은 구름 되어 버렸다

술은 왜 잊혀진 사람을 부르는가
유행가 가사가 내 처지 된 것 같고
빛바랜 편지가 생각날 때쯤 되면
알 수 없는 중얼거림 튀어나오니
부용이 있는 곳에 가보겠다 한다.

부용
무궁화와 비슷하나 무궁화보다 꽃이 크고 가지가 초본이다. 일제 강점기에 무궁화가 대한민국의 꽃이라 하여 말살정책을 펴자 만주의 독립군은 대신 부용을 보고 애국심을 가꿨다 한다. 제주도의 서귀포지역에서 자생하는 부용이 꽃도 크고 풍재노 좋다. 부용은 성천지방의 시서에 뛰어난 기생 이름이기도 하지만 흰색에서 붉게 변해가는 모습을 비유해 술에 취했다 하여 취부용이라는 용어까지 붙었다. 한여름에 꽃이 피어 가을 하늘을 맞이하는 존재이다.

꽃 입술 열고 항의하는 송장풀

옛날에는 왕의 이름에 개똥이가 있었고
정승이 된 사람 이름도 도야지가 있었다 한다
그건 그야말로 옛날 말이다
요즘에 그런 이름 지어주면 가만있겠냐
그런대로 괜찮은 이름도, 멀쩡한 이름도
법원 가서 이 핑계 저 핑계 대며 바꾼다더라

땅 위에 이름 없는 풀은 없다고 한다
존재 가치를 인정하는 것은 좋은 일이나
그렇다고 어느 한 인간 마음대로
기분 내키는 대로 이름 붙여 놓으면 안 된다
이름이 매우 중요하다는 것은 아는 인간들이
식물의 특성이나 성질을 무시한 채
어찌도 이리 무식한 이름 계속 부른단 말인가

송장이라는 말 안 쓰인 지 오래되었다
어린이들은 송장이 무엇인지조차 모른다
식물을 잘 안다고 큰소리치는 학자들아
하루빨리 송장풀 이름 바꿔주라
바꿔주기 싫으면 그냥 잡초라 부르던가
아니면 차라리 옛날 이름 개속단이라는 말
그대로 두어라.

송장풀

개속단이라고 불리다가 1949년 도감을 정리할 때 정태현 등이 새로운 이름을 붙인 것이라 한다. 풀을 자르면 시체 썩는 냄새가 난다고 해서 송장풀로 불렸다는 말도 있으나 그렇지는 않고 솜털이 났다고 해서 솜장풀로 한 것이 잘 못 표기되었다는 의견도 있고 일본에서 배운 학자들에 의해 일본식 이름을 붙였다는 주장도 있다. 산지의 풀밭에서 자라며 대화익모초, 갯방앳잎 등의 이명도 있다. 풀 전체를 이뇨, 강정, 중풍, 뇌졸증 등에 사용된다 한다.

곰취, 너의 꽃이었더냐

깊은 산 속에 무리지어
활짝 웃는 모습으로
여기 있었는데 못 찾았지 하며
노란 꽃 피운 것이
곰취, 너의 꽃이더냐

잊을 리 있겠는가
오겹살을 감아쥔 채
입속에서 향기 발산시켜
차마 삼키기 아쉬웠던 그 순간을
어찌 잊을 수가 있는가

기억 상기시키기 위해
여름엔 노란 꽃을 피우더냐
꽃에선 상상의 향기 나와
곰취 잎 따 바구니에 채우며
마냥 즐거워하던
지난 봄날 그 여인의 콧노래를
생각나게 하는구나.

곰취

곰이 좋아하는 나물, 또는 곰 발바닥 닮은 채소라 하여 한자로는 웅소로 쓴다. 높고 깊은 산의 물기가 많은 곳에서 자란다. 입에 감도는 독특한 향이 있어 봄을 노래하는 식품으로 인기가 높다. 봄철에 입맛을 돋우고 춘곤증을 가시게 하며 피로회복에도 도움이 된다 한다. 쌈을 비롯해 나물무침, 장아찌, 김치, 튀김 등 다양한 용도로 먹는다. 한방에서는 뿌리 말린 것을 호로칠이라 하여 해수, 백일해, 관절통, 타박상 등에 처방했다고 하는데 현대에는 성분을 분석한 결과 항암 물질이 있고 섬유질이 많아 노화방지, 혈액순환, 암 예방 등으로 호평 받고 있다.

절굿대를 보는 느낌

설마 하늘을
절구통으로 생각하지는 않겠지
곡식을 빻다가 힘이 들어
잠시 쉬기 위해
절굿대를 거꾸로 세워 놓았겠지

북채로 사용해
큰 북을 힘차게 두드린다면
산이 무너지고 바다가 뒤엎어지는
엄청난 굉음에
모든 짐승 귀먹어리 될 것 같다

저것이 무기라면
쇠못을 촘촘히 박아 만든
무서운 철퇴라면
힘이 장사인 용사가 휘두를 때
모든 전쟁에서 승리하리

어찌 보면 밤송이 같기도 하고
고슴도치 모습처럼도 보이며
솜방망이일 수도 있으나
요즘 세상엔 건강이 제일이니
지압봉으로 사용해야 할까나!

절굿대
꽃 모양새가 절구공이처럼 생겼다 하여 생긴 이름이며 개수리취, 둥둥방망이라고도 한다. 가시가 돋친 엉겅퀴 닮은 잎이 표면은 녹색이고 뒷면은 흰색이나 건조해지면 흑색으로 변한다. 전국의 물 빠짐 좋은 경사지나 양지쪽 산지에서 자란다. 뿌리를 누로라 하여 종기나 지혈, 피가 부족할 때 처방한다고 한다. 꽃말은 "행운이 반드시 온다."

부레옥잠의 일일화

부레옥잠

연못에 떠다니며 자라는 다년생 식물이다. 잎자루가 공 모양으로 부풀어 있고 그 속에 공기가 있어 물고기의 부레 역할을 함으로서 수면에 떠 있을 수가 있으며 수염뿌리가 수분과 양분을 빨아들이며 생존한다. 고여 있는 물의 정화작용을 하는 점이 중시되어 인공 연못에 많이 번식시키고 있으나 아열대식물임에 따라 겨울을 나기 어려워 집안에서 수반용으로 기르기도 한다. 제주도에서는 크고 작은 습지에서 야생으로 자란다. 여름철에 연보라색의 일일화를 피우는데 꽃말은 "승리" 또는 "흔들린 기억"이라 한다.

오늘 아침엔 열대야가 떠나는가
온갖 나무들 중얼거리는 소리 요란해
찬바람 따라 연못가에 가 보았더니
부들의 젓가락 장단에 맞춰
부레옥잠의 일일화가 노래 부르고 있네

어린 것 무엇이고 늙은 것은 또 무엇인가
아침에 피었다가 저녁에 사라지면
평생을 젊게 사는 것이 되며
오로지 아름다움만을 보여주는 것이라네

무지개 같은 짧은 일생 두려워 마라
이어도의 하루는 고향에선 백 년이 되니
하루만 살아도 백 년을 산 것이라
있는 동안의 즐거움만 느껴야 하느니라

부레옥잠 노랫소리 울려 퍼지는 연못에
이리저리 떠다니는 뭉게구름 사이로
소금쟁이 한 마리 빙빙 돌며 춤을 추면서
계절도 한순간 태어나고 죽는 것이라며
가는 여름 미련 버리라 외쳐대고 있구나.

아플 때 보이는 이질풀꽃

배앓이는 나를 잃어버리게 한다
심하게 아플 때면 나란 존재가 사라진다
바닥에 구르다가 거꾸로 서서 세상을 잃어버린다
아무것도 보이지 않다가 어두컴컴한 공간에 작은 점이 나타난다

사람들은 누구나가 젊은 시절 가슴앓이를 앓고 지나간다고 한다
사랑의 아픔은 가슴을 멍들게 하여 오랫동안 흔적을 남긴다
그래서 아픈 만큼 성숙해진다고 하는 것이다
아플 땐 언제나 존재감을 갖게 된다

몸이 아프든 마음이 아프든
모두가 나에 해당한 것이다
내가 있기에 이런일 생긴다
이질풀의 붉은 꽃이 밝고 선명하게 보일 때는 아픔이 온 것이라 할 수 있다.

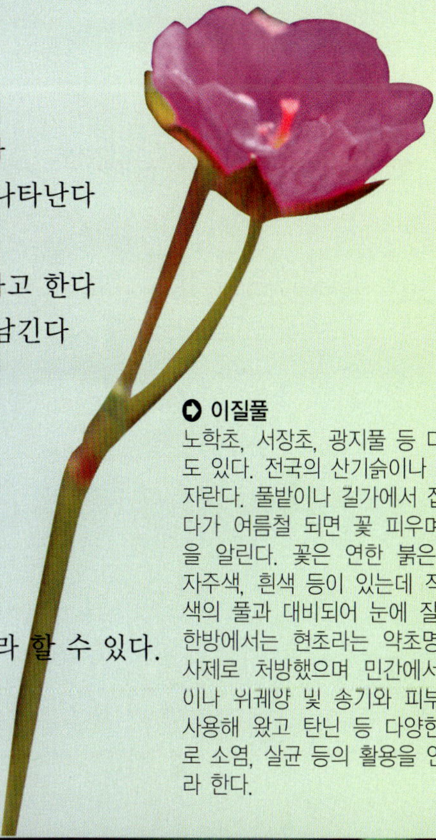

이질풀
노학초, 서장초, 광지풀 등 다른 이름도 있다. 전국의 산기슭이나 들녘에서 자란다. 풀밭이나 길가에서 잡초로 있다가 여름철 되면 꽃 피우며 약초임을 알린다. 꽃은 연한 붉은색, 붉은 자주색, 흰색 등이 있는데 작지만 녹색의 풀과 대비되어 눈에 잘 뜨인다. 한방에서는 현초라는 약초명으로 지사제로 처방했으며 민간에서도 복통이나 위궤양 및 송기와 피부병 등에 사용해 왔고 탄닌 등 다양한 성분으로 소염, 살균 등의 활용을 연구 중이라 한다.

두리번거리는 애기사철난

호기심 반
두려움 반
처음 보는 것은 모두 신기한 세상

어릴 때부터 인간의 도리를 아는 것이 중요하다면서
도리도리를 가르쳤다는 말이 정말일까

한쪽만 보면 안 된다
왼쪽 오른쪽
뒤도 돌아보아야 한다

보이는 것만 보다가
보는 나는 무엇인지
갑자기 보이는 것이 없을 땐 눈을 감아 버려야지.

애기사철난
심산의 침엽수림 밑에서 자라는 상록성 다년초로 산알록난초라고도 부른다. 한라산을 비롯한 전국 주요 산 200m 전후의 고지에서 드물게 발견된다. 꽃은 흰 바탕에 갈색을 띠며 8월에 5~12개의 꽃이 한쪽으로 치우쳐 핀다. 한자로는 반엽란으로 쓴다.

진실만을 노래하는 제주조릿대

무한한 생명력 있어
척박한 어느 곳이라도 살아갈 수 있는데
생태계 파괴하는 천덕꾸러기라 한다
정상 세포 영향 없이 암세포만 제거하는
항암 존재 진실 모른다

비바람의 산자락 훼손 방지 위해
지표면을 넓게 덮고 있는데
산림 균형 깨는 애물단지라 한다
비타민 단백질 칼슘 아미노산 같은
영양가 제공을 무시한다

종족이 줄어들세라
널리 널리 퍼뜨리는데
못된 망아지 천방지축 날뛴다고 한다
온몸 골고루 퍼지면 피를 맑게 해
체질개선 만병통치가 된다

아무도 거들떠보지 않다가
천하에 둘도 없는 명약이라며
호들갑 떤다
심지를 굳게 하고 머리는 총명
인제야 깨닫는 모양이다.

제주조릿대

제주도에서 자생하는 조릿대의 일종이다. 일반 조릿대보다도 땅에 낮게 깔리며 해발 1,000m 이상 고지대에서 자라다가 점차 하강하고 있으며 한라산과 오름의 상당수 지면을 장악하여 생태계 파괴 식물로도 분류되어 있다. 장타원형의 잎 가장자리에 흰 선이 있는 것이 특징이다. 꽃은 6~7년에 한 번 피우며 진한 갈색을 띤다. 최근 제주조릿대에 대한 다양한 연구가 진행되고 있으며 당뇨, 고혈압, 위궤양, 위염, 항암, 아토피 등의 치료 효과가 있다고 발표됨에 따라 진액과 차 및 음료수로 애용되고 있으며 체지방 분해와 다이어트 등 건강식으로도 활용된다.

낭아초의 이빨 꽃

이빨은 아프다
사랑 때문에 아프다
사랑이 아플 땐
이빨도 아프고
사랑이 슬플 땐
이빨도 슬프다

사랑니는 사랑을 시작할 때
앞니는 사랑을 맛볼 때
송곳니는 사랑을 물고 있을 때
어금니는 사랑을 오래도록 음미할 때
모두 다 아프다

이빨 닮은 낭아초의 꽃은
사랑을 노래하며 아파하고 있다.

낭아초
꽃 모습이 이리의 어금니라는 뜻이 들어 있다. 남부지방의 낮은 지대나 해안가에서 자란다. 한 젊은이가 심부름으로 촌장댁에 갖다가 친절을 베풀어 준 촌장의 딸에 반해 사랑에 빠졌지만 약혼자가 있어 이루지 못하자 행패를 부리다가 처벌받았다고 한다. 그런데 젊은이가 보내 준 꽃다발을 촌장의 딸이 땅에 묻은 자리에서 이빨 모습을 한 엷은 홍색의 꽃을 피우는 낭아초가 자라났다고 한다. 꽃말은 "사랑을 노래 부르는 꽃", "신의"

개모시풀의 쓰임새

눈으로만 보았는데
손끝으로 보듬어지고
피부가 부드럽게 반응하는 것은
자연에서 가져온 색채
그 느낌 때문이다

세모시가 아닌
개모시라
잡초나 쓰레기인 줄 알았지만
천상의 빛을 내는
천연염색 재료일 줄이야

세상에 태어나
소임을 할 수 있다면
존재감을 갖게 되는 것이라고
가는 방망이 꽃이
조그맣게 속삭이고 있다.

개모시풀

제주도와 남부지방의 산기슭과 숲의 가장자리에서 자란다. 좀모시, 왜모시, 팔각마, 야저마란 이름도 쓴다. 왕모시풀보다는 잎이 작고 거북꼬리나 좀깻잎보다는 크다. 모시라는 이름이 붙었고 섬유식물에 속하지만, 모시풀처럼 섬유질은 추출할 수 없고 대신 양질의 천연염색 재료가 된다. 매염제에 따라 연노랑에서부터 흐린 주황색, 고동색, 갈색, 흑갈색 등 다양한 색깔을 낼 수가 있다고 한다. 어린 순은 식용으로 전초는 당뇨, 하혈, 이뇨, 해독, 해열 등 약재로 쓴다.

어머니의 약, 익모초

어찌 몸만 아팠을까
아프다고 말 못 하는 그 가슴은
또 얼마나 아팠을 것인가

순산을 해도 고통이 심한데
난산 후의 후유증은 어떠했을 것이며
그런 자식이 맘고생은 얼마나 시켰던가

어머니였기에
한평생 멍에 메고 산
그 위대한 몸을 지켜준 것은
바로 익모초였다.

익모초
두 가지 유형의 전설이 있다. 한 여성이 부상당한 노루를 구해주었는데 해산을 할 때 고통이 심하자 노루가 익모초를 가져다 주어 위기를 면했다는 말이 있고, 아기를 낳은 후 오랫동안 병을 앓은 어머니를 위해 소년이 의원의 뒤를 밟아 익모초가 약인 것을 알게 되어 치료했다는 말도 있다. 여성 질환에 좋아 익모라 하고 눈에 좋아 익명이라고도 한다. 예로부터 모든 여성병 치료에 유용했고 여름철 더위 먹거나 식욕이 없을 때도 활용한 약용식물이다.

9월 약이 되는 들꽃

무릇 무릇처럼 사는 것이 좋다

무릇은 전국 각지의 들이나 산에서 자란다
무릇 어느 곳에서나 정착할 수 있는 것은 좋은 것이다

무릇은 인간이 잘 가꾸지 않아도 몰려서 핀다
무릇 집단생활에 잘 적응하는 것도 바람직하다

무릇은 면조아라는 말로 한방에서 쓰인다
무릇 사회에서 꼭 필요한 인간이 되는 일도 중요하다

무릇은 맛과 영양이 좋아 구황식물로도 사용되었다
무릇 무슨 일이든 할 수 있다는 것은 훌륭하다는 말이다

무릇은 상사화나 꽃무릇처럼 잎과 꽃이 다르게 나온다
무릇 동일한 인간이 아니라 하여도 비난하면 안될 것이다

무릇은 강한 자제력과 자랑이라는 꽃말을 갖고 있다
무릇 인간은 자기만의 독특한 긍지가 필요하기도 하다.

무릇
들이나 산의 양지바른 곳에서 자라며 땅속 비늘줄기는 쪽파와 유사한데 구충제 효능이 있고 구황식물로도 활용되었다고 한다. 연한 홍자색의 꽃이 8월~10월에 피는데 흰꽃도 있다.

하늘을 사랑한 으아리

꼭 그때쯤
창공은 더 높이 올라가고
구름이 있다가 없기도 하며
바람도 슬며시 얼굴 내미는 시기에
마냥 하늘만 바라보는 꽃

왜 일방적이어야 할까
하늘과 땅이 왜 이리 멀리 떨어져 있나
하늘이 무엇인가
하늘이 있기는 하는가
끝까지 하얀 마음 갖고 있는 꽃.

으아리
선인초, 개비머리, 마음가지나물, 거의채라는 이름도 있으며 고려시대 용어 어사리가 변해서 된 것이라고 한다. 짐을 나르는 장모가 사위에게는 잘 끊어지는 사위질빵으로 멜빵을 메주고 하인에게는 강한 덩굴로 끈을 묶어 주었는데 하인이 "으아라차찻" 힘을 쓰는 모습에서 으아리란 말이 나왔다는 말도 있다. 한방에서는 뿌리를 위령선이라 하며 신경통이나 통풍 등에 사용했고 최근 임상실험에서 급성황달, 전염성 간염, 결막염, 관절염 등에 효능이 있다고 밝혀졌다. 꽃말은 "이루어질 수 없는 사랑", "고결"

개똥참외
길가나 들에 자라며 참외보다 작고 맛이 없다. 본래 참외를 먹고 나온 배설물에서 싹이 나와 가을에 익어가는 참외를 뜻하기도 했으나 점차 야생에서 자라는 작은 품종이 되어버렸다. 제주도에서는 간절귀 또는 갈재기라는 이름으로 부르며 밭두렁이나 들녘에서 많이 보인다.

개똥참외 꽃피던 시절

인정받지 못하는 존재였다
버린 자식 정도는 그래도 괜찮은 표현이었고
완전 쓰레기 취급받았던 개똥참외란 말

비닐하우스 참외가 논두렁 밭두렁을 어찌 알까
비가 오면 젖을까 바람 불면 날아갈까
학교 앞까지 자동차로 모셔다 준 아이들은
겉 때깔만 번지르르할 것이다

멜론은 크기도 크고 향기도 좋다
지구촌 시대에 토종이 어데 있느냐고 할 수도 있다
이리저리 뒤섞이고 살다 보면
참외지 수박인지 상관없다 할 것이다

길가에 노오란 개똥참외 꽃이 피었다
손톱보단 조금 크고 맛도 별로인 개똥참외
왠지 본성을 본 것 같은 느낌이다.

물봉선
봉숭아와 같이 손을 대면 팥알 모양의 씨가 탄력적으로 튀어 나간다. 전국 산과 들의 습기가 있는 곳이나 계곡과 물가 등지에서 자란다. 물가의 봉선화라 해서 물봉선이 되었다고 하나 봉선화보다 더 오래된 토종이라 한다. 마귀할멈의 고깔 모자같이 생긴 꽃은 분홍색이 기본이나 홍자색, 누란색, 흰색의 물봉선도 있다. 꽃말은 "나를 건드리지 마세요."

좀 더 기다려라, 물봉선

곱게 단장한 입술로
무엇을 말하려 하는가
말하지 않아도 그대 기다리는 마음
모두가 알고 있단다
여름 가고 가을이 왔다고
이제 곧 겨울 올 터이니
결실을 끝마쳐야 한다 하겠지
그래도 서두르지 말라
달이 차야 기울듯이
해산이란 기간이 되어야 이루어진다
매달려 있기 힘이 들고
배가 불러와 고통스러워도
누가 와서 건드려줄 때까지
좀 더 기다려라, 물봉선.

가을을 느끼게 하는 벌개미취

고추잠자리가 날면
가겟방 막걸리가 생각난다
산골에서 한 시간 넘게 버스를 기다리다 보면
선술집을 겸한 구멍가게의 막걸리가
유일한 벗일 수밖에 없었다
큰돈 써서 허기를 달래고 싶을 땐
두부 한 모 썰어놓고 생마늘 곁해 먹으며
건넛마을 처자가 오는 행운을 기다렸다

들국화가 피면
산 고을 여인의 얼굴이 그려진다
벌개미취 꺾어 들고 버스를 탄 그녀가
덜컹거리며 달리다 멈추는 차 안에서 쓰러질 때
손잡아 일으켜주며 꽃도 주워 주었던
그 순간이 그립다
장 서는 날이 5일마다 수없이 지나갔지만
가을철만은 빠지지 않고 가고 싶었다.

벌개미취
제주도와 경기 이남의 산간 계곡과 습지에서 자란다. 여름부터 가을까지 끊임없이 피고 지는데 들국화 중에서 제일 먼저 가을을 알리는 꽃으로 인정받는 한국의 특산식물이다. 그래서 영어로는 코리안 데이지로 불린다. 벌과 개미와 친해서 벌개미취가 되었다는 말도 있다. 뿌리를 자원이란 약재로 하여 항균, 천식 등에 쓴다고 한다.

상사화의 푸념

나는 상사화라는 말이 싫다
잎과 꽃이 엇갈리는
같은 사촌은 꽃무릇이라는
고상한 이름 있는데
나만 왜 한 맺힌 이름인가

그렇다고 개난초도 싫다
나의 본 소속은 난초가 아닌
백합 쪽의 수선화이니
공작수선화같은
우아한 이름이 어울린다

나는 상사병 걸린 원혼 아니다
양분을 얻기 위해 잎이 먼저 나왔고
먼진 자태 자랑 위해 꽃만 보여 주는데
꽃 감상 하려기보다
인간 마음대로 사랑 갖다 붙인다

나의 꽃 빛은 천상에서 가져온 것이다
가슴 조아려 임 기다리는 입술 색 아니고
사랑에 실패해 멍들은 핏빛도 아니며
이별의 아픔 호소하는 슬픈 색도 아니다
왜 선방 앞에서 피는지 몰라주는가.

상사화

탑돌이 하러 온 처녀를 짝사랑한 동자승이 100일 기도가 끝나 처녀가 하산하자 상사병이 들어 죽었는데 무덤에서 잎과 꽃이 만나지 못하는 꽃이 피어 상사화라는 이름을 붙였다는 전설이 있다. 제주도와 중부 이남에서 자란다. 연한 녹색의 잎이 3월경 길고 넓게 올라왔다가 6~7월경 사라진 자리에서 8월에 꽃대가 올라와 9월 초 분홍색 또는 노란색의 꽃이 핀다. 상사화 축제를 하는 불갑사 등지에서 피는 진한 붉은색의 꽃무릇(석산, 돌마늘)은 9월 말부터 핀다. "이루어질 수 없는 사랑" 꽃말은 같다.

한이 서린 며느리밑씻개

며느리밑씻개
들이나 길가의 햇볕이 잘 드는 곳에서 자란다. 줄기와 잎 뒷면에 독이 있는 가시가 많이 달려 환삼덩굴 등과 같이 나무나 돌을 타고 무성하게 엉키어서 뻗어 나간다. 손이나 발목을 감아 상처를 내는 경우가 많으며 스치기만 해도 매우 쓰리고 아프다. 시어머니가 며느리에게 밑을 닦으라고 주었던 풀이니 오죽 심했겠느냐는 풍자와 더불어 이 풀을 끓인 물로 부인병과 항문병을 치료했다는 민간 처방 사례를 들어 며느리에 대한 사랑이라는 역설도 나온다. 한방에서는 낭인이라는 한약재로 해독, 습진, 치질, 피부병 등에 썼다고 한다. 꽃말은 "시기, 질투"

아기 울리게 했다고
우리 아이 건강을 해치게 한다고
며느리는 시어머니를 마구 구박해댄다

하루 종일 집구석에 처박혀
청소 하나 제대로 못 했냐고 핀잔을 듣는
시어머니는 이제 식모 아니면 파출부 되어 있다

벙어리 삼 년, 귀머거리 삼 년
그게 언제 적 일이던가
그런 일이 있기나 했던가

며느리밑씻개를 바라다보면
아니 이름만 들어도 한이 맺힌다
언제부터인가 보복의 악순환은 시작되었다

시어머니 며느리 적 있었고
며느리 늙어 시어머니 되는 데 말이다.

야고
야고란 생약명으로 인후염, 골수염, 요로 감염 등의 처방약으로 사용된 것이 그대로 꽃 이름 되었다 한다. 곰방대를 닮아 담뱃대더부살이라는 별명도 있다. 억새의 뿌리에 기생하는 식물이며 제주도에서만 자생하였는데 최근 서울 상암동 하늘공원에서도 발견된다고 한다. 광합성을 하지 않지만 몇 개의 비늘 같은 잎이 있고 짧은 줄기도 있다.

억새에 신세 진 야고

컴컴한 억새밭 땅바닥에서
개미가 길을 잃지 않도록
불을 밝혀주는 가로등 같다고 한다

담뱃대를 닮았고
골프채와 비슷하기도 하며
언뜻 보면 외눈박이 괴물처럼도 보인다

억새에 신세 지고 사는 야고는
미안해서 언제나 묵례를 하고 있지만
비굴해하지는 않는다

추하지 않은 단정한 차림새로 있다가
빠르게 후손 만든 후에는
미련 없이, 흔적 없이 사라져 준다.

오이풀

잎과 줄기를 비비면 오이 냄새가 나서 오이풀이라 한다. 수박 또는 참외 냄새도 난다고 한다. 인체에 이로운 물질 많아 봄나물로 먹으면 춘곤증을 물리치고, 여름 녹차로 마시면 구강염을 없애고 더위를 식히며, 가을에는 소주에 담가 마시면 건강 음료로 작용하고, 겨울엔 가루로 만들어 활용하면 추위를 견디게 해준다고 한다. 한방에서는 지유라는 약재가 되어 지혈제로 사용되며 설사, 이질, 피부병, 상처, 화상 등에도 쓰였다 한다. 꽃말은 "존경, 애모"

오이풀이 꽃을 쳐들고

모를 땐 가르쳐주어야 한다
주목하라고 신호 보낸 후
중요한 점을 조목조목 설명하면서
알아들을 때까지 수도 없이 반복
목이 검붉게 타 버렸다

멋스러운 옷으로 치장할 줄 알고
얼굴 화장 기술도 익혔지만
믿음 주기 위해 순수한 몸으로
긴 대에 타다 만 솜방망이 꽃 들고
멀쭉한 자세로 서서 부르짖는다

인간들아 평소에 건강 지켜라
오이풀은 인간을 존경하니
사시사철 오이풀을 가까이 대하면
맑은 영혼과 튼튼한 몸 유지하며
죽어서도 자연 속에 들어가게 된다.

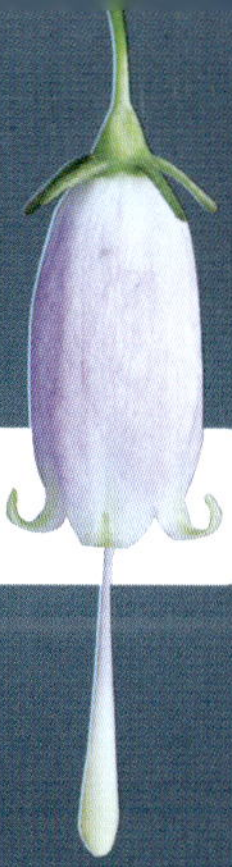

작은 방울꽃 단 층층잔대

영혼을 울리는 한 곡조
한 번만 들어 봐도 여한이 없다는 가락
소리를 아는 사람만이 들을 수 있는 음악
숲 속에서 수많은 방울 울리며
천상의 노랫소리 전하나
알아주는 이 없나니

단 한 번만이라도
음악으로 마음을 통하며
같이 연주할 지기가 온다면
이 많은 방울 모두 버리고
사라져도 좋다.

층층잔대
산지의 낮은 곳에서 긴 여름 시작부터 갈 때까지 층층으로 꽃을 달고 있다. 올망졸망한 연보라색 꽃은 암술대가 화관 밖으로 뻗어 나오고 많은 씨를 맺게 한다. 도라지나 더덕 비슷한 뿌리는 먹을 수 있는데 한방에서는 사삼이라 부르며 거담, 진해, 해독제로 사용한다.

산비장이

깊고 높은 산지의 초원에서 초가을에 피는 꽃이다. 엉겅퀴와 비슷하나 잎과 줄기에 가시가 없고 꽃술이 낚싯바늘처럼 생기거나 둥근 고리 모양을 보이는 점이 다르다. 비장이란 조선시대에 관리가 데리고 다니던 한 관직을 말하는데 오늘날의 비서실장과 유사하다고 하는바 산비장이는 산신령의 비서실장이 된다. 꽃말은 추억이고 어린 순은 나물로 먹는다.

산신령의 비서, 산비장이

당장 필요한 것 있어도 없어도
어쨌든 잘 보이고 싶어
일단은 얼굴을 알려 놓는 것이 중요하지
산신령 할아버지는 만나기 힘들으니
비서에게라도 인정받아야지
비서 행실머리 미워도
어째서 저따위가 태어났나 싶어도
겉모습은 번지르르하고
산신령의 신임을 받는 존재이니
괜히 찍히면 좋을 일 없다는 생각으로
꼴값 해대는 말 못 들은척하고
친해 보려 노력해야 하지
모여드는 많은 벌과 나비들
모두 그런 생각 하고 있을 거야
상관 잘 만나 행세하는 것도
타고난 복일 것이라고.

결초보은의 수크령

새벽녘에 주변의 모든 정기를 빨아들여 열매를 달고
아침 햇살을 배경 삼아 패션쇼를 하던 모습도 그렇고
저녁 황혼 빛에 반사되는 수크령의 흔들림이 보이면
가을 하늘이 어느 정도 익어가고 있나 알 수 있었다
이 풀로 매듭을 지어 계집아이 골탕 먹이려 했었는데
물동이를 이고 가던 아주머니가 발에 걸려 넘어지면
당황스러워 어찌할 줄 몰랐던 옛길의 그림도 나온다
풀을 엮어 적장의 말을 쓰러뜨리고 움직이지도 못하게 해
은혜에 보답했다는 고사성어의 주인공이라고는 하지만
자손 번창 명분으로 등산객의 양말목과 바짓단에 붙어
근질근질 따끔따끔 성가시게 하는 존재로 더 알려졌다
종이도 먹는 식성의 염소도 이 풀만은 먹기 싫어하고
사냥개의 목을 타고 들어가 동물병원 수입만을 올려주는
천덕꾸러기 신세로 전락해 가을을 쓸쓸하게 보내야 한다
유난히도 사람 냄새를 좋아해 인가 근처에서 살면서
힘센 것이 좋을 때도 있지만 불편한 경우가 더 많으니
겉으로는 약해 보이고 속으로만 강해야 좋다고 하고 있다.

수크령
강아지풀 비슷하나 훨씬 더 크고 줄기도 억세다. 가을이 되면 양지쪽 길가나 풀밭에서 흔하게 볼 수 있다. 매듭을 "그러매다"에서 그령(암크령)이란 말이 나왔고 숫놈 같은 모습이라 하여 수크령으로 변했다는 설이 있다. 외국어식 발음 때문에 외래종이라는 오해도 받는다. 길갱이 또는 낭미초(이리의 꼬리 풀)라고도 부른다. 뿌리는 눈의 염증, 기침, 해수 등의 치료제로 사용한다고 한다.

마 꽃의 침묵

참마가 줄기 뻗어
슬며시 토해 낸
하얀 진주 알 하나하나
저마다 할 말이 있다 한다

마꽃은 꽃 이야기를
꽃향기를 말하고 싶은 것 아니라
조용히 숨어 있는 뿌리를 들먹이며
맛이나 효능을 소리치려 한다

그것은 생각일 뿐
잎과 줄기가 눈총을 주자
뿌리를 보호해야 한다는 사실
뒤늦게 깨닫고 입을 다문다.

YAM FLOWER

참마

깊은 숲 속에서 자란다. 땅속의 긴 원주형 뿌리는 흰 점액질로 되어 있으며 줄기는 많은 가지를 내어 물체를 감고 올라간다. 산약이란 한약명으로 소화기 계통, 심폐기능, 원기부족 등의 약재로 사용해 왔는데 요즈음에는 건강식품으로 관심을 받는다. 몸에 좋다는 각종 물질을 갖고 있어 위장을 비롯해 고혈압 등 다방면에서 접근한다. 꿀을 찍어 생으로 먹기도 하고 갈아서 우유에 타 먹거나 죽을 끓이고, 전을 부치고, 굽고, 찌고, 보관용의 말린 가루를 사용하기도 한다.

돌콩이기에 작지만 예쁜 꽃

돌콩만한 게 까불어
머리에 군밤 한 알 떨어지면
분하고 서운해 했던 시절 있었지

작고 볼품없기에 강하게 살아야 했고
줄기 뻗어 한 번 잡으면 태풍이 와도
끊어지지 않는 삶을 살아왔다

비록 작지만 예쁜 꽃 피우고
그럴싸한 열매도 맺을 것임에
야무진 일생의 상징물 되어 버렸다.

돌콩
제주도 등 남부지역의 들녘에서 자란다. 가는 줄기가 2m까지 뻗으며 다른 물체를 감고 올라간다. 나비 모양의 홍자색 꽃이 잎겨드랑이에서 4~5개씩 피운 후 콩의 원조라 할 수 있는 작고 단단한 열매를 맺는다. 작지만 아름다운 생명력을 표현할 때 많이 인용된다. 콩알은 서목태, 야대두란 이름으로 보익, 보간용 약재로 사용되어 왔다.

토종 허브 배초향

초가을 찬바람 부니 꽃이 피었다
조금 지나면 꽃이 시들 것이고
겨울 오기 전에 꽃대를 꺾어
신문지 깔고 씨를 털어 내리라

조상들은 어떻게 식물을 분석해
생활에 적절히 사용할 수 있었을까
먹고 사는 삶 자체가 임상실험이니
후세 전달의 지혜가 더 중요하리라

방아 잎의 향기가 여운으로 떠도는
매운탕 집 뜨락에 핀 보랏빛 꽃에
온 동네 개미들이 떼로 몰려들어
숨바꼭질 장소로 빌려 쓰고 있다.

배초향
향을 내기 위해서 또는 비린내를 없애기 위해서 방아잎을 사용해 왔는데 사실은 강한 소화기능과 항균 작용을 하기 때문인 것으로 밝혀졌다. 토종 허브의 대표격인 배초향은 모든 풀의 향기를 배척한다는 뜻이 있으며 한방에서는 곽향이라는 이름으로 소화, 건위, 진통, 복통, 감기, 두통, 곽란 등에 사용해 왔다. 향신료 기능을 하는 생잎은 고기나 회를 먹을 때 쌈으로 사용하고 나물 무침과 매운탕, 구이, 부침개 등에 넣어 먹는다. 산과 들, 시골의 길가나 담벼락에서 자라며 보통 방아 또는 방애, 토곽향, 대박하, 인단초, 중개풀로도 부르며 꽃말은 "향수, 정화"라 한다.

돌고 싶은 물레나물의 꽃

어지러운 세상
한적한 산속에 자리 잡았는데
하룻밤 자고 나니 도시 속의 공원
계곡의 물소리에 취해 눈을 감았는데
시끄러운 잡음에 눈 떠 보니 도로변
돌아버릴 일이다

바람개비는 바람이 불어야 돌고
물레방아는 물이 흘러야 돌며
그냥 물레는 사람이 돌려야 돌지만
운명의 수레바퀴는 저절로 돈다
돌고 돌고 또 돈다

물레나물의 꽃은 돌지조차 못 한다
돌면 목이 똑 하고 부러질 것이다
돌아버려야 마음이 편한 세상인데
바람 불어도 몸만 흔들어야 하는 신세
오죽 돌고 싶었으면 바람개비 모양 되고
얼굴까지 노오랗게 변했을까!

물레나물

HYPERICUM
ASCYRON

노란색 바탕에 붉은 수술을 가진 큰 꽃이 배의 스크루 또는 바람개비 모양을 하고 있어 물레나물이란 이름이 붙었다. 황색 꽃잎이 호랑나비 같아 금사호접이라는 명칭도 달았다. 여름에 피는 꽃이지만 제주도에서는 9월에 보인다. 한방에서는 홍한련이라는 약재로 간염, 두통, 고혈압, 지혈 등에 사용해 왔는데 근래 천연 항생제 역할을 하는 히페리진을 추출하여 외상과 항암에 탁월한 효과가 있다는 점을 집중 연구 중이라 한다.

잎 덕 보는 참취의 꽃

사실 썩 예쁘지 않다는 것을
잘 알고 있다
그래서 관심을 끌지 못하다가
참취라는 이름을 듣고서야
다시 봐 준다는 것도 알고 있다
꽃도 이쁘네
별로 좋은 말은 아닐 것이다
취나물이 되는 잎만을
칭찬하는 뜻이기 때문이다
괜한 투정을 부려 본다
세상을 살아가면서
수 없이 남의 덕을 보게 되는데
알게 모르게 지나가는 것이
다반사이다
조상을 비롯한 가족 덕을
늘 받고 있을 뿐만 아니라
한 몸의 모든 기관도
서로 덕을 베풀고 받고 있다
꽃 피우려 말라버린 잎을
시샘하는 참취의 꽃이
잠시 반성의 빛을 보인다.

참취
산나물의 대명사가 되는 취나물의 주인공이다. 참기름과 궁합이 맞아 맛과 향을 높이는 취나물은 비타민과 무기질이 풍부하여 웰빙음식의 대표가 되기도 한다. 다이어트시 각종 영양분을 공급해줄 뿐만 아니라 칼륨 함량을 높여 나트륨의 배설을 촉진하고 혈액순환과 콜레스테롤 제거에도 기여한다. 음식 외에도 감기, 두통, 진통의 약재로 사용하며 나아가 기름, 제지, 염료, 향료로도 활용한다고 한다.

가슴 아픈 며느리밥풀꽃

추석을 보름쯤 앞두고는 벌초를 하게 된다. 예전에는 남자들만 벌초를 하였지만 요즘엔 가족 숫자도 줄고 자연스러운 남녀평등 풍토가 자리 잡아 여자도 벌초에 동참하게 되었다. 벌초를 마치고 차례를 지낸 후 환담하는 자리가 되면 산소 근처 양지바른 곳에서 피어난 며느리밥풀꽃에 관한 얘기가 나온다. 아랫입술에 밥풀 2개 붙이고 있는 꽃이 갓 시집온 며느리의 혼이라고 설명을 해 주면 여자들은 순간 먹는 것을 중지한다. "에이 ~ 설마"하면서도 무언가 가슴이 베이는 듯싶나. "옛날 사람들은 어떻게 그렇게 살았을까? 먹지 못하는 서러움도 있는데 구박받아야 하는 슬픔이란 어찌 헤아릴 수 있으리요" 벌초에 따라와 며느리밥풀꽃을 본 것이 후회되는 표정이다. 혼자 떨어져 사는 시어머니 생각도 나는 모양이다.

MELAMPYREM ROSEUM MAXIM

며느리밥풀꽃
꽃며느리밥풀이라고도 하며 애기며느리밥풀꽃 등 8종류가 있는데 가슴 아픈 전설을 담고 있다. 옛날 어느 한 며느리가 저녁밥을 짓다가 뜸이 잘 들었나 확인하기 위해 밥알 몇 개를 입에 넣었는데 우연히 이를 본 시어머니가 어른들이 맛을 보기도 전에 밥을 먹어버렸다면서 부지깽이로 때렸고 며느리가 넘어지면서 솥뚜껑에 찧어 죽었는바 죽은 며느리의 무덤에서 입술에 밥알 붙인 꽃이 피었고 이를 며느리밥풀꽃이라 이름 지었다고 한다.

비수리로 술을 담그며

수컷의 정복욕이 전쟁을 불러
물고 찢기는 생채기의 소용돌이 만들고
몰입을 쫓는 인성의 추락

종족 보존의 본능이란 구실 좋아
만족의 지옥 나락에 떨어져도
갈증은 한이 없고 끊임없는 번뇌
머릿속을 다 먹고 육신으로 옮긴 정충
작은 뼈까지 갉아먹기 시작할 때쯤은
제자리 돌아올 줄 알았지만
줄 끊어진 연 같아 종적조차 알길 없다

얼마를 써야 다 썼다고 해야 하는지
한 방울의 혼이라도 남아 있다면
기어코 낭비하고픈 신기루의 그림자

누군가는 음양의 조화라 할 것이다.

비수리

전초를 베어 말려 빗자루로 쓰거나 가축의 먹이로 사용한 흔한 풀이라고 하나 한방에서는 옛날부터 중요한 약재로 사용했다고 한다. 간과 신장 및 폐를 보호하고 어혈을 제거하며 위장과 기관지를 치료하고 뱀독을 중화시키는데 처방했으며 최근에는 당뇨병 치료제로 인정받는다. 무엇보다도 야관문이라는 이름으로 천연 비아그라라는 점이 인정되어 술을 담아 먹는 것으로 선풍을 일으키고 있다. 보통 꽃이 활짝 핀 상태에서 채취하여 잘게 자른 후 술을 넣어 100일 이상 건냉 암소에서 숙성을 시켜야 효과가 있다고 한다.

나비나물의 멍든 입술

나비 유혹하려다 실패해
입술만 잘근잘근 씹었나
기회는 얼마든지 있단다
처량한 빛을 보이지 마라

키도 작고 꽃도 작다고
슬픔에 빠져 있으면 안 된다
최고의 무기인 꿀을 갖고 있으니
꿀 향기 피워 다시 한 번 유혹하라

나비란 다 그런 것이다
왔다가 가고 갔다가 다시 오고
아름다운 입술 더 상하지 않게
마음 다스리는 것이 중요하단다.

나비나물
산과 들의 풀밭에 흔히 있는 것이나 작고 구분이 어려워 지나치기 쉽다. 두 장씩 마주난 잎이 나비처럼 보인다거나 또는 꽃봉오리 벌어질 때 모습이 나비 같다 하여 나비나물이 되었다고 한다. 많은 꽃이 한쪽으로 치우쳐 피며 꽃 속에 꿀이 많이 있다. 어린 순은 나물로 무쳐 먹고 한방에서는 왜두채란 이름으로 현기증 치료와 피로 회복제로 활용한다.

부끄러워하는 수까치깨의 꽃

고개 좀 들어보렴
그렇게 머리를 숙이고 있으면
어지럽지 않겠니
앞으로 달게 되는
붉고 긴 물건을 부끄럽게 생각 말라
어른이 되면 다 그런 것이란다

얼굴 좀 보자꾸나
물건이 예쁘면 인물도 좋다는데
하늘 향해 솟구치는
털이 난 그것이 민망스러워
그렇게 땅만 쳐다보고 있으면
얼굴 한 번 보기 위해
허리 숙여야 하지 않겠니.

수까치깨
야화생, 전마 등으로 불리며 경기 이남의 산과 들에서 자란다. 열매 속에 참깨 같은 씨가 들어 있어 깨라고 하나 야생에서 자생한다 하여 까치란 이름을 덧붙였으며 열매가 길게 나와 수까치깨란 이름이 되었다 한다. 암까치깨는 그냥 까치깨라고 부르는데 수까치깨가 노란 꽃이 더 크고 수술에 붉은색은 없으며 꽃받침이 뒤루 젖혀지고 열매는 하늘 향해 길게 솟구치는 점에서 구별된다.

요강단지로 꽈리를 불어라

또 선거가 시작되었다
어느 나라나 선거 때가 되면 장래는 밝다
출마자가 모두 장밋빛 공약을 내놓기 때문이다
온갖 아이디어를 동원해 국민의 관심을 불러일으킨다
후보자 누구가 당선되어도 멋들어진 나라가 될 것 같았다
그러나 국가 대부분 큰 발전이나 변화가 별로 없었다
애당초 성사되기 어려운 공약을 내세웠기 때문이다
그래도 정치권에서는 그런 것만 찾기 혈안이다
국민들은 다 그러려니 하고 너그럽게 대한다
말도 안 되는 일이지만 일상화되어 있다
옛날 여자애들이 꽈리를 불며 놀았다
노인들은 시끄럽다고 싫어했다
그럴 때 소리치는 말이 있다
일부러 거북스럽게 한다
듣기 싫다는 말이다
그만 하란다
허 허
차라리 요강단지로 꽈리를 불어라.

꽈리
지역마다 이름이 다른데 보통 꽈리라 하고 까리, 꽈루, 때꽐, 땡꽐, 꽐, 뚜꽐, 푸께, 불처귀라고도 한다. 연한 노란 색의 꽃이 지면 꽃받침이 커져 주머니 모양으로 열매를 감싼다. 빨갛게 익은 열매를 꽈리라 하는데 씨를 빼내 껍질만 입에 넣고 공기를 채운 후 윗니와 아랫입술로 누르면 뽀드득하는 소리가 난다. 옛날에는 어린이들의 좋은 놀잇거리가 되었다. 한방에서는 산장, 고랑채 등의 이름으로 해열, 해독, 황달, 이뇨 등의 치료제로 사용한다.

Angelica cartilagino-marginata var. distans (NAKAI) KITAGAWA

흰바디나물의 합창

여럿이 모여 노래를 하네

입을 크게 벌린 꽃도 있고
작게 오므리고 있는 꽃도 있으며
혀만 내민 꽃도 있지만
모두가 같은 곡을 부르네

어떤 꽃은 나비 보고 오라하고
어느 꽃은 벌을 부르며
개미에게 신호 보내는 꽃도 있지만
합쳐진 노랫소린 우아하다네

키란 클 수도 작을 수도 있고
얼굴이 둥글든 모나든
목소리가 가늘어도 굵어도 좋으니
화음만 맞추면 된다네

세상 살며 모두 같을 수는 없기에
조화롭게 어울리라 노래하고 있네.

바디나물

우산 모양의 꽃대가 10여 가지로 갈라지고 20~30개의 꽃이 달리는데 짙은 자주색이 보통이지만 제주도에서는 흰색 꽃이 대부분이다. 나물이란 이름이 붙어 있듯이 잎을 나물로 무쳐먹고 쌈으로도 이용한다. 한방에서는 일전호 또는 사약채라는 이름으로 해열, 진해, 거담, 감기, 천식 등에 처방했는데 최근 어느 연구진에 의하면 뿌리 추출물이 구강암과 백혈병, 대장암, 위암 등에 탁월한 치료 효과가 있고 부작용은 전혀 없다면서 암 예방과 치료용 식품 개발이 중요하다고 한다.

그대 있기에 행복한 취손이풀꽃

무심코 바라본 꽃인데
갑자기 현기증이 나는 것은
너무나도 요염하게 보이는 눈웃음 때문에
멀미를 하는 것이리라

사랑은 1초도 안 되어 점화되는 것이며
불태우는 시간도 짧다 하지만
찰나의 순간을 억겁으로 받아들이면
잠깐이라도 그대 곁에 있기에 행복할 수 있다

저렇게 행복해 보이는 꽃의 미소가
보는 이의 마음을 울렁이게 하는데
쥐손이풀이라는 이름이 분위기를 깨고 있어
새로운 유혹의 명칭 찾아 붙여주고 싶다.

취손이풀

낮은 산이나 풀밭, 길가 등지에서 자라며 손잎풀, 오엽초, 노관초라고도 하고 원예종은 풍로초라 한다. 꽃이 이질풀의 꽃과 비슷하나 붉은빛이 연하고 크기는 더 크다. 잎이 쥐의 앞발을 닮아 쥐손이풀이라는 이름이 붙었다고 하지만 인정하기 어렵다. 나물 등으로 식용할 수 있으며 한방에서는 현초라는 한약명으로 사지마비, 관절염, 타박상, 이질, 설사, 장염, 피부가려움증 등에 사용한다고 한다. 꽃말은 "그대 있기에 행복이 있네"

향기 없는 산박하

향기를 잃어버린 것인가
아니면 본래부터 없었던 것인가
박하란 이름 붙었는데 향기 없어 실망이다

굳건히 서 있는 자세가 강함을 보여 주었다
그러나 바람만 불어도 누워버린다
산 이름 붙은 존재인데

보랏빛 꽃 피운다
봄부터 가을까지 들에서 보인다
그럼에도 꽃다운 특징을 찾아보기 어렵다

무엇인가 쓸모가 있어 보여도 다는 아니다
외형만 갖고 판단해서는 안 된다
실패의 쓴맛을 보게 된다

섣부른 기대는 안 좋다
기대가 실망을 부를 때는 슬프다
그렇다고 진면목을 간과해서는 안 될 것이다

가을 하늘 머금은 산박하가 교훈을 주고 있다
진가를 찾기 전에 실망하지 말란다
요모조모 살펴보란다.

산박하
들깨나물, 연전초, 향다채, 독각구, 깻잎오리방풀이라는 이름도 있다. 산과 들에서 흔히 볼 수 있고 6월부터 10월까지 꽃이 피나 가을철에 주로 눈과 마주친다. 박하 향기도 안 나고 잎과 꽃도 다르지만 산박하란 이름이 붙었다. 의학적으로 담낭염 치료제를 추출하며 기능성 화장품 재료로도 연구 중이다.

시골 아낙 같은 왕고들빼기꽃

그랬지
예전엔 상추와 쑥갓과 왕고들빼기 삼총사가
여름 밥상을 마련하고 건강을 지켰지
어머니의 젖 같은 하이얀 유액 속에
쌉쌀한 맛과 약효를 함께 넣어
피곤한 몸 다스리고 맑은 정신 유지해 주었지

요즘엔
상추는 더욱더 사랑받고 있지만
쑥갓과 왕고들빼기는 잊혀져가고 있다네
상추는 비닐하우스로 들어가 일 년 내내 살아서
몸도 깨끗이 하고 여러 옷도 입어보며 호강하고 있다네
가장 중요한 약효는 버린 채

왕고들빼기는
여전히 시골 언덕을 지키며
9월엔 시골 아낙 같은 수줍은 꽃을 피운다네
어쩌다 건강 잃고 시골을 찾은 인간들이 칭송해대도
잘난 체하지 않고 그냥 웃고만 있다네
진한 화장품 싫증 날 때도 되었지!

왕고들빼기

어느 한 산야초 연구가는 왕고들빼기의 흰 즙에 간에 좋은 물질이 들어있어 1년만 복용하면 어지간한 병은 다 나을 수 있다고 한다. 고들빼기가 5~6월에 꽃을 피우지만 왕고들빼기는 1~2m로 크게 자라며 8~10월간 피우는 꽃도 크다. 고채나 쓴풀 또는 씬나물로도 불리는 것은 잎이나 대궁을 자를 때 나오는 흰 유액이 쓰기 때문이며 이것이 졸음을 오게 하기도 하지만 심기를 편안하게 하고 십이경맥을 조절해 원기를 회복시켜 정신을 개운하게 한다. 민간처방과 한방에서는 건위, 강장 등 다양한 치료제로 활용한다. 꽃말은 "모정"

석산

땅속의 마늘을 뜻하는 돌마늘 또는 꽃무릇이라고도 한다. 핏빛 색깔의 꽃과 독성의 알뿌리 때문에 저승화, 지옥화, 장례화, 유령화로 불리며 불경, 탱화, 고승의 영정을 만드는 데 사용하려 절에서 많이 가꾸었기 때문에 피안화로도 불린다. 열매를 맺지 못하고 꽃이 떨어진 다음 짙은 녹색의 잎이 나와 다음 해 봄까지 유지하다가 꽃대가 나오면 잎은 사라진다. 구근을 인후염과 편도선, 악창, 치루 등의 치료제로 사용했고 구토제로 썼는데 최근 항암제로 연구 중이다. 꽃말은 "슬픈 추억"

슬픈 추억에 우는 석산

세상의 모든 번뇌를 모아
꽃술 하나하나에 불사르고
사랑과 미움의 수레바퀴 돌리며
바위 바라보고 참선 중이다

사랑에 평생을
아니 전생과 후생까지 바친 게
어찌 이 몸뿐이겠느냐 만은
억겁이 흘러가도 파계의 죄
씻을 수 없다는 사실 알면서도
피를 토하고 또 토하면서
그리움을 떨치지 못하고 있다

미운 사람과는 만나야 하고
사랑하는 사람과는 헤어져야 한다는
그런 말이 왜 있어야 하는가
노을이 붉게 물드는 가을 저녁에
석산은 울음을 삭힌다.

ractylodes ovata Flower Atractylodes ovata Flower Atractylodes ovata Flower Atractylodes

위장을 잠재우는 삽주꽃

속이 울렁거린다
왜 저런 일이 자꾸 생기는지 원

신문과 방송을 보지 않으면 되거늘
애써 뉴스를 보고는
이런저런 비리 사건에 비위가 상해
구토증을 재발시킨다

정치인의 거짓말에는 욕지기가 나고
좌파의 뻔뻔스러움엔 속이 뒤집히며
말도 안 되는 어린이 성폭행 사건 나오면
머리까지 아파져 온다

배가 아픈 것 이런저런 많은 이유 있지만
요동치는 위장을 잠재울 수 있는 것은
창출이라는 약재 하나로 넉넉하다
위장을 달래야 편안한 잠을 잘 수 있다

산속에 조용히 피어있는 삽주꽃이
창출의 존재를 알려주고 있다.

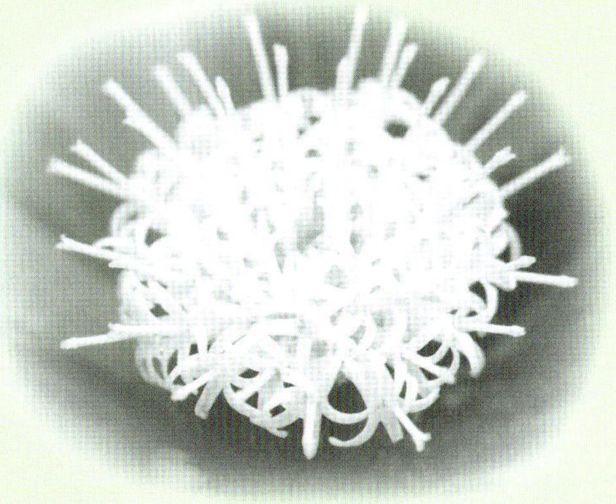

삽주
산지의 물 빠짐이 좋고 양지바른 곳에서 자란다. 햇뿌리는 백출이라 하고 묵은 뿌리는 창출이라는 이름으로 한약재로 쓴다. 소화장애나 위장기능 이상에는 탁월한 효능을 갖고 있다. 감기와 사지 관절의 풍습에 의한 동통이나 마비에도 처방하며 비타민A가 많아 밤눈에도 좋다고 한다. 간장 보호와 해열 등 다양한 치료제도로 활용한다. 작은 꽃이 모여 꽃다발이 되는 삽주꽃은 신비스러운 모습을 보여준다.

기도하는 가을 여인, 층꽃

코스모스 길을 걸으며 사색하고
고추잠자리처럼 여기저기 방문하고
조각구름처럼 멀리 떠나보고도 싶은
가을의 감정을 차곡차곡 쌓아놓고
조용히 눈을 감고 기도해본다

행복한 가정을 만들어 준 조상님
일 년 내내 먹을 곡식 가꾼 농부님
꽃과 열매를 볼 수 있게 한 벌과 나비
풍성한 결실 도와준 해님과 바람님
모두 모두에게 감사드려본다

이제 곧 찬바람이 불어올 것이고
낙엽 구르는 진동은 머릿속을 울리며
귀뚜라미 소리 마음속 파고들 터인데
올가을엔 가슴앓이 하지 말자고
다시 한 번 단단히 마음 다져본다.

층꽃나무

남부와 도서지방의 물 빠짐이 좋은 돌 틈이나 경사지에서 자란다. 꽃이 잎겨드랑이를 돌아가며 계단형의 층층으로 피기 때문에 층꽃나무란 이름이 붙었다. 풀과 나무의 중간인데 모든 면에서 풀에 속함에도 밑 부분이 겨울에 목질화 된다 하여(어느 한 학자의 고집으로) 나무가 정명이 되었다. 그냥 층꽃으로 불러야 한다는 설도 있다. 야선초, 가선초, 인진초, 석모초 등의 이름도 있다. 신비로운 보랏빛 매력을 보이는 꽃은 밀원이 되고 꽃꽂이용으로도 인기가 있다. 꽃말은 "가을 여인, 기도, 건강"

Eupatorium lindleyanum

골등골나물
가을에 홍자색의 꽃이 피어 여름에 흰색의 꽃을 피우는 등골나물과 구별된다. 골은 산골 또는 구렁이나 습지를 일컫는데 정확한 어원은 없다. 민간에서는 택란이라 하여 고혈압과 당뇨에 사용했다고 한다. 어린 순을 나물로 먹지만 꽃이 필 때 채취하여 덖음차로 애용하기도 하고 죽, 강정, 식혜, 효소, 조청을 만들기도 한다.

골등골나물의 군중집회

벌이 벌집에 모여들어 중얼대는 소리
다 꿀만 얘기하는 것은 아닐 것이고
중구난방으로 웅성웅성

큰 사고는 군중집회에서 일어나는 불법
한 사람의 선동이 감성을 울라면
소란스럽던 분위기가 대로로 이동되어
악다구니와 하늘 향한 주먹질 시작

골등골나물은 여럿 모여 있어도
그물코의 역임에 따라 자리를 지키고
질서 있는 토론이 강물처럼 흐르며
독선도 일체도 아닌 조화의 꽃 피우니
잘났다는 인간들이 배울 점이라.

10월 가을이 마냥 좋은 야생화

쑥부쟁이 없으면 가을도 없다

들국화는 피었는가
전쟁의 아픔과 슬픔을 표현한 영화
그 영화의 주인공 쑥부쟁이는
대사 하나 없었다

들꽃은 모두 상처받아야만 하고
안타까운 사연 있어야 하며
슬픔에 몸부림쳐야 사랑받는다기에
가을 깃발을 쑥부쟁이가 들었다

우리에겐 영광뿐이다
온 들판을 병사들로 가득 채우고
함성을 지르는 쑥부쟁이가
다 쓰러지면 가을도 가버릴 것이다.

쑥부쟁이

꽃이 처음 나올 때 붉은빛을 보이다가 점차 자줏빛 또는 흰색으로 변하는 대표적인 들국화이다. 대장장이의 큰 딸이 병든 어머니와 많은 동생을 먹여 살리기 위해 쑥을 캐러 다녔는데 함정에 걸린 사냥꾼을 구해주고 정이 들었지만 다시 오겠다던 사냥꾼은 아니 오고 큰딸은 쑥을 뜯다가 절벽에서 떨어져 죽고 말았으며 이듬해에 그 자리에서 자주 색깔의 꽃이 피어 "쑥을 캐러 다니는 불쟁이의 딸"을 뜻하는 쑥부쟁이라 불렀다고 한다.
어린잎은 나물, 밥, 튀김용으로 사용하고 한방에서는 산백국이라는 이름으로 기침, 천식, 해열, 이뇨, 항균 등에 처방한다. 꽃말은 "그리움, 기다림"

나도송이풀의 욕심

산기슭 잡풀 틈에 끼어 마구 자라는 주제에
심산의 바위 위에서 바람개비 돌리며
열심히 수행하는 송이풀 조금 닮았다고
나도 고상하다 해 달라 강짜 부린다

태양광선 받아내는 푸르른 잎 많음에도
스스로 노력해 살아갈 생각 안 하고
땅속뿌리 이용해 옆 식물에서 슬며시 양분 훔쳐
수많은 꽃 피우며 자랑해댄다

그렇게 피운 꽃 모습 오죽하겠는가
입속에서 먹다 남은 것이 흘러내리는데도
흥분된 색으로 유혹하면서
좀 더 달라 입을 크게 벌리고 있다.

나도송이풀
반기생 식물로 다른 풀의 뿌리에서 영양분을 섭취해서 자란다. 송이풀과는 종류가 다르나 꽃 모습이 유사해 나도송이풀이라는 이름 붙었다. 홍자색의 꽃은 윗입술이 2개로 짧게 갈라진 뒤 반쯤 말리며 아랫입술은 3갈래로 갈라져 밑으로 쳐진다. 한방에서는 송호라는 약명으로 황달, 수종, 비염, 상처 치료에 활용한다. 꽃말은 "욕심"

무한한 마타리의 사랑

가까이 오지 마세요
한 번 정들어 버리면 하늘 끝
지옥의 불길 속이라도 같이 들어가
육신은 사라져도
꼭 잡은 두 손목만이 남아
사랑했음을 알려야 한답니다

사랑은 중독이랍니다
하루만 떨어져도 온몸이 아파지고
곁에 있어도 그리워해야 하는
치료할 수 없는 병이며
금단 현상도 막을 수 없답니다

고약한 냄새 풍긴다고 오해 마세요
더없는 애정 느끼고 싶고
지극한 정성 보여주고도 싶으며
잴 수 없는 순수 사랑 욕심 있지만
사랑이 너무나 무서운 줄 알기에
만남은 슬픔을 가져오기에
정 들지 않도록
가깝게 오지는 말고 그냥
먼 곳에서 바라만 보아 주어요.

마타리

황순원의 소설 [소나기]에서 소년과 소녀의 대화 속에 등장할 정도로 들에서 많이 피는 꽃이다. 중부 지역에서는 여름에 피 나 제주도에서는 가을에 주로 피어난다. 뿌리에서 콩장 썩는 냄새가 난다 하여 패장초라고도 불린다. 여간첩 마타하리를 연상시키는 외국말 같이 들리지만 순수 토종식물로서 정확한 어원은 없고 가야국 시대 악기를 연주하는 남녀 간의 슬픈 사랑에 얽힌 여자 이름 마타리나 "말 다리", 고약한 냄새를 "맡으리"에서 나왔다는 설이 있다. 한방에서는 전초를 패장이라는 생약 명으로 소염, 어혈, 고름, 눈병 등의 치료제로 사용한다. 꽃말은 "미인, 잴 수 없는 사랑"

진범이 오리라니

왜 그렇게 생각되었을까
산을 울리는 저 소리의 주인공은
분명 호랑이일 것이라고

그런데 알고 보니
오리 몇 마리가 산속에 살고 있었고
머리로 들었던 소리도
땅을 울리는 진동이 아니라
시끄럽게 꽥꽥거리는 수다라니

산에서 나는 소리 듣고
호랑이란 판단은 하여도
오리라고는 생각 못할 것이다
범인을 쫓을 때는 선입견을 버리라고
수도 없이 들었건만
정작 중요한 순간은 고정관념 그대로다

진범을 찾고 보니
궁둥이 흔들며
하늘로 달아나는 산속의 오리떼라
새삼 또 하나 배웠노라고 하면서
산을 내려온다.

진범
전국 각지의 깊은 산 숲 속 그늘에서 자란다. 진나라의 작은 괴물 모습이라 하여 진봉으로 불렸는데 번역 과정에서 잘 못 읽어 진범이 되었다는 설이 있으며 진교라는 이명도 있다. 우리말로는 오독도기라고 한다. 유독 식물로 분류되며 한방에서는 뿌리를 진통, 진경, 거풍, 관절염, 근육경련에 처방하고 미친개에게 물렸을 때 사용했다는 민간요법도 있다.

숲 속을 밝혀 주는 촛대승마

인생을 살면서
캄캄한 어둠 속에서 방황할 때
한 줄기 실낱같은 빛을 볼 수 있다면
무한한 힘을 얻게 되고
성공으로 연결되리라

산속에서 길을 잃었는데
날도 저물어 어두워지니
몸은 더욱 지치고 정신까지 빠져나갈 때
먼 곳에서 작은 불빛이 비친다면
다시 힘을 내어 걸어가리라

깊은 산에 사는 촛대승마는
부끄럼 많이 타 나무 뒤에 숨어 있다가
숲 속에서 헤매는 나그네 만나면
작은 촛불 밝혀주면서
희망을 갖고 살라 충고한다네.

촛대승마
높고 깊은 산지의 숲 속 응달에서 주로 자라기 때문에 꽃이 피기 전까지는 쉽게 눈에 띄지 않는다. 승마라는 이름은 말을 탄다는 것이 아니라 잎의 모양이 마를 닮았고 약의 기운이 상승한다는 뜻의 승마이며 꽃이 피면 촛대 같은 모습이라 하여 촛대승마란 이름이 붙었다. 뿌리를 해열, 해독제로 사용한다고 한다.

슬픈 사랑 솔체꽃

옛정 그리워
찾아간
님의 집
행복한 가정 모습
마냥 부러워
눈물 참고
행복 기도하는 마음

약속 없었지만
행여 하는 기대
산산이 부서져도
아픔 달래며
님의 행복 빌다
그 자리에
꽃이 된 슬픈 사연.

솔체꽃

중부 이북 지방의 심산에서 8월에 핀다고 하나 제주도에서는 낮은 오름의 햇빛 많은 초원지대에서 9~11월에 걸쳐 피어난다. 꽃술이 솔잎을 닮았고 꽃봉오리가 체의 그물과 비슷해 솔체가 되었다 하나 설득력은 없다. 숲 속에 사는 한 아름다운 요정은 전염병에 걸린 가족을 구하기 위해 약초를 찾아다니다가 지쳐 쓰러진 마을 소년을 치료한 후 약초도 제공하고 사랑하게 되는데 이 소년이 마을의 소녀와 결혼하자 가슴앓이를 하다 죽게 되었고 이를 안타깝게 여긴 산신이 솔체꽃으로 환생시켜 주었다는 전설이 있다. 꽃말은 "이루어질 수 없는 사랑"

숨어서 메롱 하는 양하꽃

누가 숨어 사는 선비는 멋들어지다 했나
세파에 물들지 않으면 고상한 것인가
깊은 산 속에 묻혀 있으면 저절로 도인이 되는가
은자의 길은 고달픈 것이다

길고 큰 줄기가 사방을 막고 있고
넓은 잎사귀는 하늘을 덮고 있는 그늘에서
겨우 땅 위 올라와
그것도 하루만 꽃 피우고 자랑하려 하다니
양하꽃의 강한 의지 애달프다 아니 하리

향기조차 없어 찾기가 어려웠는데
빼곡한 풀숲을 뒤적이다 겨우 발견한 순간
메롱 하고 멋쩍은 웃음 지으니
숨어 사는 선비의 천진난만함이 바로 이것이라.

양하

제주도의 산속에 주로 자생하는 특이한 식물이다. 봄에는 잎이 나오기 전에 가는 줄기를 뽑아 먹고 가을에는 꽃이 피기 전 꽃대를 따다가 나물이나 장아찌를 비롯해 각종 음식에 활용하고 추석 차례상에도 올린다.

보통 양애라 부르고 꽃대를 양애끈 또는 양애갓이라고도 호칭한다. 꽃이 줄기에서 피는 것이 아니라 뿌리에서 비늘 조각으로 싸인 좁고 긴 달걀모양의 꽃대가 땅속에서 나와 꽃을 피운다. 한방에서는 뿌리를 여성병, 진해, 거담, 종기, 안구충혈, 혈액순환과 항균 관련 질병에 사용한다고 한다.

한라돌쩌귀의 그리움

목은 단정히 세웠지만
모자 푹 눌러쓴 채
마음은 연이 되어 산을 넘고
연줄로 전해 오는 소식 궁금해 하며
오늘도 외로움을 달랜다

먼 곳으로 보이는 저 오름엔
어떤 돌쩌귀 살고 있을까
비춰 옷 추스르며 몸을 단정히 하고
번뇌를 달래려 승무도 추어 보지만
하는 일 모두 덧없다

쓸쓸해 보이지 않으려
여느 때처럼 노래도 불러 보았건만
먼 곳을 응시하는 자세부터가 그래서
언제까지라도 그리움 먹고 사는
한라돌쩌귀 되었다.

한라돌쩌귀
섬투구꽃, 한라비꽃, 섬초오 등이 이름이 있다. 제주도의 한라산과 오름 등지에서 자생하며 부엽층이 두껍게 쌓인 비옥하고 습기 많은 지형에서 주로 자란다. 다섯 장의 꽃잎이 서로 다른 역할을 한다고 한다. 투구꽃을 비롯해 25종의 초오속 식물이 공통으로 비슷한 독성을 갖고 있으며 사약의 재료로도 사용했는데 독을 제거하면 원기회복의 좋은 약재가 된다고 한다. 꽃말은 “그리움”

산부추가 추는 꽃춤

춤 출줄 몰라
그냥 서 있기만 할래

꽃방망이 춤춰 보라고
구름이 손뼉을 치고
나비는 간지럼 태우며
바람이 추임새 넣자
온몸이 흔들리기 시작한다

꼭두각시 율동으로 출발하여
태평무를 거쳐
발레를 흉내 내고
현대무용까지 섭렵한 후
무당춤으로 마무리하려다가
그만 목이 뚝 부러져 버린다

난 몰라
가녀린 꽃대 가졌기에
그냥 서 있기만 한다고 했는데
바람아 책임져라.

산부추

산부추: 가을 녘의 산기슭이나 풀밭에서 꽃이 피어오른다. 땅속에 굵은 기둥 모양의 비늘줄기가 있는데 마늘 맛이 나고 부추보다 향기가 강하다. 산에서 나는 부추 이름 그대로 봄에 순을 먹을 수 있다. 한방에서는 산해라는 이름으로 소화, 풍습, 이뇨, 구충, 해독 등에 사용했는데 간과 심장에 좋고 어혈을 풀어주며 갑상선 질환에 특효라 한다. 꽃말은 "신선"

잔대꽃이 울리는 종소리

큰 뇌를 깨워
배움과 깨달음을 재촉하는 것은
바로 종소리

땡땡땡 치는 학교 종소리는
알을 깨는 파열음
지식 습득의 병아리 걸음

쿠우웅 하고 울리는
사찰의 범종 소리는
마음을 깨치는 피안의 언덕

아무 소리도 안 나는
잔대꽃의 종소리는
존재를 자각시키는 신의 선물

잔대
딱주, 사삼, 제니라는 이름도 있다. 종 모양의 통꽃을 피우는데 봄에 새싹은 나물로 먹고 도라지 비슷한 흰 뿌리는 고추장을 찍어 먹거나 술을 담그기도 하고 구워 먹기도 한다. 수백 년 묵은 것이 있을 정도로 오래 사는 식물로 인정받고 있다. 사삼은 몸에 좋은 5삼(인삼, 현삼, 단삼, 고삼) 중 하나로서 다양한 약효를 지니고 있다. 독을 푸는 묘한 힘이 있어 뱀독을 비롯해 농약, 중금속, 화학물질을 제어할 수 있다고 한다. 진해, 거담, 강장, 여성병과 피부에 좋은 약제로 쓴다.

꿩의비름
중산간 지역의 바위틈에서 주로 자란다. 다섯 개의 꽃잎이 가늘고 뾰족하여 별들이 내려앉은 모습으로 보이며 작은 꽃들이 모여 빛을 발해 신부의 부케를 닮았다고 한다. 달걀 모양의 두껍고 둥근 잎은 물이 많을 때 저장하여 건조해 질 때면 이를 조금씩 꺼내어 사용한다. 민간에서는 잎을 따 종기와 부스럼을 치료했으며 한방에서는 경천이라는 이름으로 해열, 해독, 지혈에 처방한다고 한다. 꽃말은 "편안함"

별사탕 모아 놓은 꿩의비름 꽃

어떤 별사탕은 딸기 맛이 난다
또 다른 별사탕은 백합의 향기가 풍긴다
모양은 비슷해도 맛과 냄새가 모두 다 다르다

꿈도 다 다르다
갓난아기 잠잘 때 웃으며 꾸는 꿈이 있다
영원히 깨어나지 않았으면 좋을 장밋빛 꿈도 있다
꿈은 행복을 주고 평온함으로 자리 잡는다
꿈이 현실이 되도록 꿈을 꾼다

그래서 가을이 되면
꿩의비름은 별사탕 모아 신부 부케 만든다.

쥐꼬리망초도 꽃 피운다

쥐꼬리망초도 꽃 피운다
코딱지만 한 꽃 피운다
부끄러워 얼굴 붉어진 꽃 피운다

겁쟁이
수십 개의 꽃송이 확 게워버리지 못하고
한 개나 두 개
봄이 가면 꺼내기 시작해 겨울 올 때까지
살짝살짝 얼굴 내민다

온몸을 숨겼다고 생각하겠지만
꼬리는 보인다
괜스레 쥐꼬리 이름 붙었겠나
밟히지 않도록 조심해야지

청승 떨지 말라
낙엽이 굴러 와 덮어 버릴지도 모른다
앙증맞다 아니하고
가을 되어서 그런대로 예쁘다 해 주마.

➲ 쥐꼬리망초
호자초, 서미홍, 소청 등의 이름도 있다. 남부지방의 산기슭이나 길가에서 주로 자란다. 꽃이 작지만 곤충에게 받침대가 되기 위해 아랫입술이 넓으며 벌에게 많은 꿀을 주고 수만 개의 씨를 만들어 쥐에게 먹이 준 후 겨우 남은 몇 개의 씨앗만이 싹을 틔우는 봉사정신이 강하다. 전초를 작상이라는 한약명으로 발열, 해수통, 간염, 타박상, 종기 등 각종 질병에 처방한다고 한다. 꽃말은 "가련미의 극치"

여뀌의 이중인격

바람이 냇가를 지날 때
가다가 돌아와 다시 보는 잡초
여뀌가 점잔 빼고 있다

물을 맑게 정화시켜 주고
물고기 놀이터 만들어 주면서
웬만하면 독을 풀지 않는다

물고기에겐 독이 되고
환자에겐 약이 되지만
섣불리 나서지 않는다

독사가 먹는 물은 독이 되고
젖소가 먹는 물은 젖이 된다면서
알아서 상대하라 한다

이런 때 저런 때 다른 것은
두 마음 아니라
물에 반영된 얼굴이라 한다.

여뀌

강한 매운맛이 있어 맵쟁이, 신채, 물고추라 하고 물고기에게 독이 되어 어독초라
한다. 습지나 냇가에 많이 자라며 옛날에는 풀을 짓이겨 물고기를 잡기 위해 풀
개여뀌, 바보여뀌, 기생여뀌, 이삭여뀌, 흰꽃여뀌, 가시여뀌 등 30여 종이 있다. 남
염료를 추출하는 데 사용했다. 한방에서는 수료, 택료, 천료 등의 이름으로 지혈과
균 관련 질환에 처방했고 고혈압, 타박상, 신경통 등에도 효과가 있다고 한다. 꽃
"학업의 마침"

둥근잎유홍초
능조라고도 하며 열대 아메리카에서 들어온 식물이라고 한다. 유홍초가 가늘게 갈라진 잎을 갖고 있고 주로 온실에서 재배되는 데 반해 둥근잎유홍초는 하트 모양의 잎으로 되어있으며 따뜻한 남부지방의 길가나 밭둑 등지에서 야생 식물로 정착되었다. 나팔꽃처럼 덩굴로 자라고 왼쪽으로 감고 올라가며 선홍색의 꽃을 피우는데 흰색이나 분홍색도 보인다. 꽃말은 "영원히 사랑스러운 꽃"

길가에 버려진 둥근잎유홍초

정원에서 살던 호사는 잊어버리자
길가에 버려졌더라도
보란 듯이 돋아 올라 살아 있음을 모습 보이자

세상에 쉬운 일이 어데 있겠나
담벼락 돌 틈이라도 기어 올라가
선홍색 꽃 깃발 흔들며 성공했노라 알리자

슬퍼해 봤자 나만 손해다
폐허의 공터에서 기지개 켜며
아침에 뜨는 태양 바라보고 활짝 웃어 버리자

고개 숙여 사죄하는 **주홍서나물**

누가 불도 안 끈 채
담배꽁초를 들녘에 버렸느냐고 소리치자
산불 낸 범인으로 몰릴까 두려워
부들부들 떨며 고개 숙이고 있다

누가 화장솔을 함부로 사용하여
털 빠지게 하였느냐고 중얼거리는 소리에
화장 안 한 얼굴이 부끄러워
고개 떨군 채 곁눈질한다

누가 형편없는 외제 립스틱을 써서
품질 좋은 국산품 모독하느냐는 소리 듣고
갑자기 뽑혀 버려질까 겁이 나
고개 숙여 외국에서 온 죄를 빌어 본다.

주홍서나물
머리 모양의 주홍색 통상화가 아래를 향해 매달리는 식물이다. 아프리카에서 들어 와 따뜻한 제주도와 남부지방의 길가나 빈터에 정착하였다가 점차 북상 중이라 한다. 꽃을 피울 때는 고개를 숙이고 있지만 꽃이 지고 씨가 익기 시작하면 점점 고개를 들기 시작하여 완벽히 익으면 빳빳이 쳐들고 홀씨를 날린다. 생태계 교란의 잡초로 취급받는다.

잡초로 뒤덮인 정원을 바라다보는
기와지기 된 사연 궁금하다

패망한 왕조의 흔적을 보며
지난날의 잘못에 눈물 흘려 보아야
덧없는 인간의 흥망성쇠를 어쩌지 못할 것이다

인간이 싫어 기와 떠나 산속 바위 위에 올랐지만
바람에 실려 오는 향수 냄새 맡으면
또다시 가슴이 미어져 온다

어찌하여 이 세상 다시 태어나
애욕에 들끓는 인간을 그리워하는지
억년 비정의 바위가 되지 못한 바위솔은 슬프다

바위솔

민가의 오래된 기와지붕에서 발견되어 와송이라는 이름이 붙었다. 산과 바위 위에서도 자란다. 꽃대가 탑 모양을 닮아 신탑, 탑송이라고도 하고 암송, 옥송이라고도 한다. 꽃이 피고 열매를 맺으면 죽는다. 최근 대단한 약재로 인기를 얻고 있다. 암 종양 억제와 치료 효과가 71%, 위염, 변비 등 소화기 계통 탁월, DNA 면역력 강화로 노화방지, 내장 출혈에 특효, 모기나 벌과 뱀독을 해독, 다이어트에 적합 등을 인정받는다.

미역취가 부르는 노래

바위 밑에서 홀로 노래를 부르면
수행을 하다가 잠시 쉬는
기 조절이라고나 할까

나무 그늘에서 두셋이 중창을 하면
가을의 상처를 어루만지는
기계체조가 될 것이고

언덕 위에서 여럿이 소리 내는 합창은
산으로 놀러 오라 불러대는
부채춤으로 변한다

미역취가 부르는 노랫소리는
서 있는 장소에 따라 음률이 다르고
모여 있는 숫자에 따라 고저장단이 다르다.

미역취
돼지나물이나 메역치라고도 한다. 취나물의 한 종류로 어린 순은 식용하는데 국으로 끓여 먹을 때 미역 맛이 난다고 해서, 또는 묵나물로 만드는 과정에서 여러 번 비비면 미역과 같은 거품이 나서, 그리고 꽃대가 나오기 전이 잎이 미역처럼 축 늘어져서 미역취라는 이름이 붙었다고 한다. 한방에서는 일지황화라는 약재로 두통, 편도선염, 타박상, 종기 등에 처방한다고 한다. 꽃말은 "섬색시"

기름나물
양지바른 산기슭에서 자란다. 우산 형태로 흰 꽃을 피우는 식물은 먼 곳에서 볼 때 비슷비슷하여 구별하기가 어렵다. 식물학자만이 알아보면 된다. 잎사귀가 기름을 바른 것 같이 반질반질하여 기름나물이 되었다고 한다. 한방에서는 뿌리를 석방풍이라는 이름으로 감기몸살, 기관지염, 해소, 중풍, 신경통 등에 사용했고 민간에서는 맛있는 나물과 더불어 정력, 식중독, 다한증 등에 썼다고 한다.

기름나물의 흰 꽃 오름 장식

가을 산이 단풍에 붉게 물든다고
화가가 산을 온통 빨갛게만 색칠할까
산에 은행나무 없어도 노란색 넣고
푸른 잎 남아 있지 않아도 조금은 흔적 남기며
분홍색 꽃 없음에도 꽃 빛이 흐르는
그렇게 해야 작품이 된다

가을에 하얀색은 차가워서 좀 그렇다
그래도 오름 꾸미기엔 필요할 것 같아
아무리 보라색이 귀족이라 하고
가을 오름의 주인은 자주색이라 하지만
균형과 조화가 있어야 한다면서
기름나물이 흰 꽃으로 오름 장식을 돕는다.

Swertia pseudo-chinensis

꽃까지 쓴 자주쓴풀

쓴맛이 어떤가
사랑의 달콤함을 맛보았기에
쓰다는 것 알아
피부엔 닭살이 돋고
코에선 비가 내리며
눈에서 번개 치더니
귀에서 천둥소리 들린다

쓴맛은 혀로 느끼는 것이 아니라
가슴으로 맛보는 것이니
사모의 정이 단약으로 뭉쳐있고
뇌 속엔 그리움의 옹이 박혀
사랑 찌꺼기란 쓴맛을 갖고
자주쓴풀이 풀밭에 조용히 숨어
쓰디쓴 꽃을 피운다.

자주쓴풀
산야의 양지에서 자라는 풀로 전체가 쓴맛을 갖고 있고 자주색 꽃을 피운다 하여 자주쓴풀이란 이름 붙었다. 노란색의 뿌리가 특히 쓰다고 하며 흔히 쓴풀로 알고 있는 씀바귀나 용담보다 훨씬 쓰다고 한다. 그래서 부탄가스 흡입 방지를 위한 첨가물 등 고미제로 사용한다. 어담초, 장아채, 수황연 등의 이름이 있고 한방에서는 당약이라는 이름으로 건위, 설사, 탈모, 해열, 소화불량 등에 쓴다고 한다.

소꿉친구 까마중

참으로
소박한 꽃도 그렇고
입술 검게 만들어
귀신놀이 하는
열매도 그렇고
천상
소꿉친구 소리
들을 수밖엔 없지만
시골 초등학교 교정의
떠들썩한 아이들 속에
있는 것이 아니라
논두렁 밭두렁
한적한 곳에
자리 잡아
친구 하나 없이
나날을 보내다가
찬 서리가 내리자
흰 꽃 떨어지고
흑구슬도 쭈그러들고
그렇게 한 해를 보내면서
언제까지나 추억 만들
어린 친구 기다리며
내년을 기약해 본다.

까마중

깜두라지, 때꼴, 먹때꽐, 강태, 까마종이라고도 한다. 밭이나 길가 또는 풀밭에 흔하게 자라는 잡초이다. 하지만 약효가 매우 뛰어난 것으로 밝혀지고 있다. 열매가 달짝지근하여 어릴 때 많이 먹었는데 손과 입술이 진한 자주색으로 변해 귀신놀이 한다고 했다. 제주도에서는 예부터 종기에 치료하는 등 항생제로 썼는데 최근 다양한 약효를 추출하고 있다. 한방에서는 용규라는 이름으로 해열, 이뇨, 기관지염 등에 처방한다. 꽃말은 "동심"

쇠무릎

쇠물팍, 산현채, 마청초라고도 한다. 마디가 무릎처럼 두드러지고 굵게 튀어나와 소의 무릎이라는 이름 붙었다. 꽃이 씨로 변하면 사람의 옷이나 동물의 털에 달라붙어 퍼진다. 민간에서는 무릎이 아프거나 기능을 제대로 발휘하지 못할 때 뿌리를 달여 먹었다. 한방에서도 우슬이라는 이름으로 관절염, 신경통, 통풍, 이뇨, 강장, 부인병 등에 처방한다고 한다. 술, 식혜, 조청, 효소로도 활용해 먹는다.

생긴대로 효능있는 쇠무릎

인간은 태어나자마자 일어서지 못한다
한동안 누워서 살다가 엎어진 후
간신히 무릎으로 기며 이동을 시작한다

초식동물은 태어나자마자 일어선다
태반을 벗으면서 한쪽 무릎을 꿇고
비틀거리며 일어나 걷기 시작한다

무릎은 일어서기 위한 받침대고
이 세상을 살아가기 위한 버팀목이며
움직임을 가능케 하는 원동력이 된다

신기하게도 움직이지 못하는 식물도
무릎이 있다 하니 그것은
무릎 닮은 마디가 있는 쇠무릎이다

겉모습만 그럴듯하면 안 된다
생긴 그대로 역할을 충분히 해야 하는데
쇠무릎이 바로 그것이라 한다.

털진득찰의 끈적끈적한 사랑

체면이 밥 먹여주나
얼마나 기다렸다가 만난 사람인데
방황하던 그리움이 초점을 잡는 순간
절대로 놓지 않을 힘이 나온다

내 사랑 영원한 것이 될지니
그동안 굳었던 가슴이 풀어져 버리면
체통도 품위도 한순간 내팽개치고
떨어지지 않도록 꼭 잡고 있을 것이다

이미 붙어버린 사랑인데
굳이 데려가 달라고 떼쓰지 않아도
어느 곳으로 여행 가는지 묻지 않아도
같이 다닐 수밖에 없도다.

Sigesbeckia pubescens

털진득찰
남부지방의 들이나 길가, 야산, 바닷가 등지에서 자란다. 희선, 희렴초, 저고매, 화험초 등의 이명도 있다. 열매가 진득진득한 액체를 내어 다른 물체에 잘 붙어 번식함에 따라 진득찰이라는 이름이 붙었다. 꽃도 끈적끈적해 보인다. 한방에서는 희렴이라는 약명으로 혈관 확장 작용을 이용한 고혈압과 사지마비, 근육통 등을 치료하며 두통, 어지럼증, 피부병, 습진, 급성간염에도 처방한다고 한다.

꽃 선물 못하는 나팔꽃

어릴 적 시골집 옆에서 놀며
담벼락에 매달린 나팔꽃 따서
여자애 머리에 꽂아 주고 즐거워했는데

가늘고 여린 줄기라서 꽃다발 못 만들고
선물은 저녁에 하는데 아침에만 꽃 피우고
사랑이 짧게 끝나길 바란다는 오해도 유발하여
이젠 꽃 선물 못하게 된 나팔꽃

어찌 하루도 못 가는 꽃이라 하나
자정이 되면 하루를 시작해
먼동이 트기 전 모든 작업을 끝마치는
끈기와 부지런함을 못 볼 뿐이다

덧없는 사랑
허무한 사랑과 속절없는 사람
값어치 없는 사랑 타령으로 나팔꽃을 매도하는
현실이 밉다

울타리도 좋고 전봇대도 상관없다
새끼줄도 타고 전선도 감아 오르며
잡을 것이 없으면 낮은 포복으로라도 기어서
억척스럽게 뻗어 나가는 나팔꽃 되련다.

나팔꽃
길가나 빈터에서 주로 자란다. 인도 등 들여온 지역이 여러 곳이고 흰색, 자주색 등 빛깔도 여러 가지며 둥근잎나팔꽃 등 종류도 다양하다. 매일 아침 새로운 꽃을 피우고 오후가 되면 꽃이 지지만 그렇지 않은 꽃도 생겨나고 있다. 마구잡이 야생마 같은 생태계로 변화하고 있다. 한방에서는 씨앗을 견우자라 하여 기를 내리고 소변을 잘 나오게 하며 변비를 치료하고 부종, 각기병, 살충 등에 사용한다고 한다. 꽃말은 "결속, 허무한 사랑"

병아리 같은 **벌노랑이**

산기슭 풀밭에 웬 병아리 떼
엄마 찾아 두리번두리번
선생님 따라가는 유치원 어린이들
참새 짹짹하는 합창소리

노랑나비 한 마리가 노래
아니 두 마리 세 마리
나비보단 벌이 좋아
벌만 유혹하니 벌노랑이

노랑 들콩 모습
달걀노른자 닮고
양지 가에 앉은 자세는
다시 만날 날만 학수고대

노란색은 권위와 황금 자랑
명랑과 희망 품고 사는
개나리 병아리 아니고
천사라고 강력 주장.

벌노랑이
노랑들콩, 황금화, 벌조장이 등의 이름도 있다. 중부 이남의 숲이나 풀밭에서 초여름에 핀다고 하나 제주도에서는 봄과 가을에 주로 피며 초겨울까지 볼 수 있다. 노란 꽃이 나비 모양을 하고 있음에도 벌이 좋아한다고 해서 벌노랑이가 되었으며 동물들이 맛있게 먹는 사료도 된다. 한방에서는 백맥근이라는 약명으로 해열, 지혈, 갈증, 강장제로 쓴다고 한다. 꽃말은 "다시 만날 때까지"

메밀

독성이 있어서 조선시대 때 양반들은 서민들에게 먹게 했고 일제 때 일본놈은 조선사람들에게 먹도록 했더니 무로 해독해서 잘 먹었다는 말이 있는데 동의보감에는 독이 없다고 되어 있고 삼국시대부터 식량으로 사용했다고 한다. 제주도에서는 빙떡이라 해서 메밀전병으로 무채를 싸서 먹는다. 소화, 비만, 미용, 성인병, 고혈압, 간기능 등 다양한 분야에서 몸에 좋은 것으로 알려져 있다. 묵, 차, 떡, 국수 등으로 먹는다.

메밀꽃 질 때쯤

오름에 걸린 낮달이
빛을 잃고 비실비실 졸다가
어이쿠 하고 넘어질 때
다행히 메밀 모서리 날 서지 않아
가는 흔적만 새겨서
긴 그림자 만든다

아직 메밀꽃 있으니
나그네는 더 힘을 내야 한다

빽빽해진 공기가 몸을 누르고
흘러간 냇물이 안 보여도
빛이란 언제나 있는 것이기에
양파 껍질 까면서
숯을 돌에 갈면서
새로운 열매를 추구해 본다.

쇠서나물이 만든 종이꽃

빛바랜 색종이 구해다가
서툰 가위질로 꽃잎 하나하나 오려내고
실도 잘라 구불구불 꽃술 만든 후
꼼꼼히 풀칠해 붙였는데
무언가 모자란듯하여
꽃잎 끝을 조금 잘라 모양 내본다

종이로 만든 조화가 얼마나 오래간다고
생화의 자연미를 포기한 채
꽃의 아름다움만 영원히 간직하려 하는가

인간이 꽃 만드는 흉내 내기에
쇠서나물이 종이꽃 모형 만들어 보았다
향기도 넣어 보았지만 일순간일 뿐
오래가는 꽃은 꽃이 될 수 없다며
아름다움도 계속 보면 싫증 날 수 있다며
짧은 생명의 들꽃으로 되돌아간다.

쇠서나물
줄기와 잎에 거친 털이 나 있어 소의 혓바닥처럼 깔깔한 느낌을 준다 하여 "소의 혀 나물"인 쇠서나물이 되었다고 한다. 모련채, 쇠세나물이라고도 한다. 산비탈이나 풀밭에서 자라며 가을에 연노랑색의 묘한 꽃을 피운다. 꽃이 피면 사라지는 로제트형의 뿌리잎은 나물로 먹고 줄기에 난 잎은 건강차나 효소로 만든다. 한방에서는 전초를 감기, 기관지염, 기침, 설사 등에 처방한다고 한다.

꽃잎 젖히는 배풍등

오해받고는 못살아
감출 필요 없어
볼 테면 보라고 해
속까지 다 보여준다면서
꽃잎을 뒤로 활짝 젖히고
결백 주장하는 배풍등

그래도 살짝 숨겨야
훔쳐보는 스릴도 있고
은근한 미를 풍기는데
재미없게시리

그게 아니었네
빨갛게 익는 열매
맹독을 갖고 있어
행여 번식에 지장 줄까
미리 유혹을
준비하는 것이었네.

배풍등
산지의 햇볕이 잘 드는 바위틈에서 자란다. 중풍을 다스리는 줄기 식물이라는 뜻을 지녔다. 줄기의 밑부분은 월동하고 윗부분은 덩굴이 되는 나무 반, 풀 반이 되는 유독성 존재다. 꽃이 피자마자 뒤로 젖혀지는 특성을 지녔고 늦가을까지 피어 만추라는 별명도 붙었다. 빨간 열매가 눈과 어우러져 설하홍이라고도 불린다. 한방에서는 촉양천이라는 이름으로 풍을 치료하고 해열, 이뇨, 습진, 간염 등에 처방한다고 한다. 꽃말은 "참을 수 없어"

꽃 목욕하라는 구절초

그대가 한 모금 삼키도록
수정궁에서 훔쳐 온
향기를 드리렵니다
실타래처럼 헝클어진 머릿속
고요한 연못의 수면 되어
새로운 나를 보게 될 것입니다

집안일은 손발을 쑤시게 하고
바깥일은 가슴을 아리게 하니
피곤하면 쉬어야 한답니다
구절초 꽃잎 한 바구니 따다가
따끈힌 물속에 띄운 후
욕조에서의 휴식을 취해 보아요

여자이기에 앓아야 하는 병도
그토록 떨어지지 않던 아픔도
저 멀리 가물가물 사라진답니다
마음은 한없이 안정되고
머리도 눈도 맑아지며
온 천지가 향기로 둘러싸입니다

구절초

구절초: 음력 9월 9일에 약효가 가장 좋다고 한다거나 9번 꺾이는 풀 또는 9마디가 있어서 구절초가 되었다고 한다. 구일초, 선모초라고도 한다. 꽃은 처음 필 때 담홍색이었다가 점차 백색으로 변하는데 꽃잎을 대려 먹으며 치성을 드리면 아이를 낳는다는 전설이 내려온다. 부인병에 많이 사용했고 위장병, 고혈압 등 다양한 약효가 있다. 향기도 좋아 베갯속, 차, 술, 향수, 화장품 등에 많이 활용된다. 꽃말은 "순수, 어머니의 사랑, 고상함"

고마운 고마리

누가 거들떠보지 않아도
아니 이름조차 몰라도
고만고만한 놈이라 놀려도
심지어 더러운 곳에 산다 무시해도
묵묵히 수질 정화 소임 다하는 고마리

남이 알아주지 않아도
올바른 길을 가면 군자라 했나
무엇을 해야 할지 모르는 세상에서
마땅한 일 하는 사람을 현자라 했던가
모두 다 인간이 잘난 체하는 말이다

고마리는 칭찬을 모른다
고마리는 욕도 비웃음도 안 들린다
물을 깨끗이 해준다고 돈 달라 안 하고
굶어 죽어갈 때 대가 없이 식량 준다
그리곤 부처님의 미소 같은 꽃 피운다.

고마리
고만이라고도 하며 냇가나 도랑 등 양지바른 물가에서 많이 자란다. 꽃의 형태와 피는 시기, 색깔 그리고 잎의 모양새 등이 지역에 따라 조금씩 다르다. 메밀꽃이나 며느리밑씻개와 비슷하기도 하다. 줄기와 잎을 지혈제, 요통, 소화불량 등에 사용했고 열매는 어려울 때 수제비 만들어 먹었다고 한다. 수중으로 뿌리를 뻗어 질소화합물과 유기질을 흡수하는 수질 정화능력이 뛰어나다고 한다.

가을 하늘 머금은 용담꽃

용담꽃이
슬프게 아름다운
가을 하늘을 빨아들이고 있다

여름을 보낸 가을 하늘은
번개와 천둥으로 여러 번 상해서
아픔만 가득
그래도 할퀴고 찢긴 모습 감추려
맑고 파란색으로 겉치장했지만
용담꽃이 머금은 하늘은
아픔 그대로 새겨져
멍든 상처 색깔로 보여준다

머지않아 푸른 하늘은
회색 빛으로 바뀔 것이고
그때는 용담도
꽃잎을 닫아 버리겠지.

용담
과남풀, 관음초, 초롱담이란 이름도 있다. 수염뿌리를 약명으로 용담이라 부르는데 용의 쓸개와 같이 쓰다는 뜻이 들어 있다. 쓴맛은 위장에 들어가 위액 분비를 촉진하여 위장을 튼튼하게 만들고 소화를 도와주며 담즙 분비도 활성화해 간장과 담낭을 치유한다고 한다. 꽃도 약효가 있는데 눈의 충혈을 없애고 귀 막힘이나 경련을 치료한다고 한다. 꽃차를 만들어 먹기도 한다. 꽃말은 "정의, 애수"

가치가 달라진 도꼬마리

털어도 털어도
떨어져 나가지 않고
억척스레 달라붙어
같이 살겠다고 앙탈 부리는 존재

천덕꾸러기인 줄로만 알았는데
가려우면 긁어주고
머리 아프면 약 달여 주며
피곤할 땐 안마해 풀어 주더라

이런 보배가 어디 있었나
두고두고 천년만년 사용하고파
고이 모셔두려 하였더니
아뿔싸 어디론가 사라져버렸네.

도꼬마리
열매에 갈고리 모양의 가시가 있어 동물이나 사람의 옷에 붙어 이동하여 번식한다. 열매를 말린 것을 창이자라 하여 풍을 다스리고 진통 작용을 함에 따라 가려움증, 옴, 두통, 치통, 감기, 눈병, 고혈압, 갑상선 질환 등에 처방한다고 한다. 최근 알코올 중독증을 없애고 비염이나 아토피, 축농증을 비롯해 각종 악성 종양을 치료함은 물론 흰머리를 검게 하여 무병장수하게 한다는 말도 나온다. 그러나 독성이 강해 갈증, 변비, 구토, 복통, 호흡곤란, 불안, 의식혼미 등 부작용이 발생할 수 있다고 한다.

11월 저무는 가을이 아쉬운 존재

털머위

갯머위, 말곰취, 마구 등으로도 불린다. 제주도 등 도서와 남부지방의 양지바른 곳에 주로 자란다. 곰취와 닮은 어린잎은 식용하나 커가면서 두껍고 윤기를 내며 점차 독성을 갖게 된다. 민간에서는 잎을 찧어 상처와 습진에 발랐으며 생선중독의 치료에 사용했다. 한방에서는 연봉초란 한약 이름으로 기관지염, 감기, 설사, 부종, 타박상 등에 처방한다고 한다. 꽃말은 "한결 같은 마음"

그래요
언제까지나 기다릴래요
당신이 지나갈 걸 알고 있으니까요
반드시 당신은 이 길을 지나갈 것이니까요

알아요
이 몸이 쓰다는 걸 알아요
그러면서도 잎줄기 먹는 것을 알아요
당신이 아플 땐 이 몸을 약으로 쓰는 것도 알아요

슬퍼요
가을이 가는 것이 슬퍼요
주변 나무들이 앙상해지는 것이 안타까워요
집 떠난 낙엽들이 갈 길 몰라 헤매는 모습 안쓰러워요

오세요
늘 준비되어 있어요
당신이 오신다면 무엇이든 줄 수 있어요
변함없는 마음 꽃말처럼 가을이 갈 때까지는 변하지 않아요

좋아요
모여드는 벌 나비가 좋아요
일 년을 떠나보내는 곤충에게 성찬을 주어 흐뭇해요
하나 둘 빛을 잃어가는 숲 속에 불을 밝히는 것도 자랑스러워요

지구를 시원하게 땅귀이개

저 멀고도 먼 암흑의 우주 세계에서
행성들이 조잘대는 소리를
지구는 잘 듣고 있다
귀지를 없애주는 땅귀이개 덕분에
지구의 귀는 항상 시원하게 뚫려 있다

귀가 있다고 모든 소리를 들을 수 있나
귀가 있으면 바른 소리와 그른 소리
구분해서 들을 수 있나
말을 똑바로 들을 수 없으면
차라리 귀가 없는 만 못하다고들 한다

막힌 귀는 뚫어주어야 통할 수 있기에
귀이개 역할을 할 수 있는 도구나
보청기라도 필요한데
지구는 아주 조그만 땅귀이개 있어
인간이 살아가는 모든 이야기 듣고 있다.

땅귀이개
이알초 또는 귀개라고도 하며 중부 이남의 습기가 많거나 물이 있는 풀숲에서 자란다. 실같이 가는 흰색의 줄기가 땅속을 기면서 뻗고 군데군데 벌레잡이주머니가 달려 있으며 잎의 밑 부분에도 포충대가 있는 식충식물이다. 바늘 같은 가는 꽃대에 면봉 크기의 꽃이 여름에서 가을까지 핀다.

겨울을 준비하는 송악꽃

계절의 수레바퀴가 어김없이 돌아가니
이제 곧 눈이 오겠지
태양의 햇살이 저렇게 힘없는 것 보면
땅속의 추위가 벌떡 일어날 거야
많은 것을 준비해야 해
세찬 바람에도 나무에서 떨어지지 않게
지네 발 내밀어 꼭 붙잡고 있어야 하고
하얀 눈이 덮여도 이겨 낼 수 있는
푸른 잎도 필요할 거야
먹이 찾아 헤매는 노루를 위해
이파리 반질반질 닦아 빛 반사되게 하고
아이들 딱총 놀이 도와주려
솥뚜껑 머리에 인 열매도 맺어야지
이런저런 일을 위해 우선 꽃을 피웠는데
성격도 그렇고 때도 때인지라
화려하지도 않고 아름답지도 못하며
향기조차 별로인
시골 아낙 머리 두른 수건 닮아 보이네.

송악
남부지방에서 주로 자라는데 담장나무라고도 부르며 소가 잘 먹는다고 해서 소밥나무라고도 한다. 갈색 줄기에서 많은 공기뿌리가 나와 다른 물체를 감고 올라간다. 늦가을에 꽃이 피고 초겨울에 열매를 맺어 이듬해 4~5월에 검은색으로 익는다. 한방에서는 상춘등이라 하여 고혈압과 지혈, 관절염, 요통, 간염, 종기 등 피부질환에 사용한다고 한다.

산국으로 만든 차를 마시며

산국으로 만든 차를 코에 대면
물안개 피어오르는 잔잔한 호수가 눈가에 펼쳐진다

산국으로 만든 차를 입술에 대면
성난 파도를 다림질한 바다로 바꿔 버리는 오감을 느끼게 한다

산국으로 만든 차 향기 귀에 전해지면
젖먹이 아기의 여린 숨소리 들을 수 있다

산국으로 만든 차가 혀끝에 달 땐
구름 이불 위에 누워 있다는 착각을 하게 한다

산국으로 만든 차 온기 손끝으로 감지되면
들녘에서 서리를 몇 번이나 맞았는지 알 수 있게 된다

산국으로 만든 차를 눈으로 마시면
꽃에 얼마나 많은 벌이 다녀갔는지 셈을 하게 된다

산국으로 만든 차는
영혼과 육신에 새로운 세계를 경험시켜 주는 것 같다.

산국
개국화라고도 한다. 감국보다 꽃이 작고 가지가 많이 갈라져 여러 개의 꽃이 달린다. 잎도 감국보다 갈라지고 날카로운 톱니가 있다. 어린 잎은 나물로 먹고 꽃은 약으로 쓴다. 진정, 해독 효능이 좋아 두통, 어지럼증, 소종, 알레르기, 비염, 고혈압, 협심증, 위염, 장염 등에 처방한다고 한다. 차의 향과 맛이 감국보다 강하다.

환삼덩굴도 꽃이 있다

환삼덩굴

길가나 밭둑, 산기슭과 풀밭 등 흔하게 보이는 잡초이다. 한 어머니가 밭일을 나갈 때 어린아이가 밖에 나가지 못하도록 문을 잠가 놓았는데 그만 불이 나서 아이가 죽었고 아이의 무덤가에서 손바닥 닮은 잎을 흔들며 어머니를 붙잡고 놓지 않기 위해 넝쿨 줄기에 가시를 단 풀이 돋아났는데 이를 환삼덩굴이라 불렀다는 말이 있다. 한방에서는 율초, 한삼이라 하여 열을 내리고 어혈을 제거하는 데 사용했으며 최근 고혈압과 아토피 등 피부병에 특효라고 알려졌다.

길 가는 나그네
바짓단 잡고 늘어지는 것 이유 있다
지금 흔하다고 영원히 있는 것 아니고
아무 곳에서나 볼 수 있다고 해서
항상 가질 수 있는 것 아닌데
뭣도 모르면서
무시하는 것이 기분 나빠서이다
그래도 인상 쓰고 째려보면
손바닥 흔들며 웃고 만다

존재하는 것은 다 이유가 있다
살아가는 것도 목적이 있다
잡초 중의 잡초라 해서
쓰레기 취급하지 말라 한다
환삼덩굴도 꽃이 있는데
단 한 명의 인간이라도
꽃을 보고 귀중한 약재임을 안다면
그것으로 만족할 터
발목 잡는 짓 그만 하련다.

Elsholtzia splendens

꽃향유의 자세

미어캣 무리 지어
서 있는 모습이라
놀리지 말라
한쪽만 보이니
반쪽이라
놀리지도 말라
나름대로 우아한
자세 잡고 있단다

시월 언덕의
풀밭에 앉아
따사로운 햇살에
배시시 웃고
벌 나비 불러들이는
향기 뿜으며
고귀하고 묘한 빛
뽐내고 있도다

언뜻 보아
합창 시작할 것 같지만
자세히 바라보면
산만한 유치원생
제멋대로 행동이라
모여 사는 집단의
무질서 속 질서
교훈을 연출한다.

꽃향유
전국에서 찾아볼 수 있지만, 특히 제주도에서는 여기저기 피어나 가을의 대표적 야생화가 되며 향유화라고도 부른다. 줄기에서 나온 꽃대의 한쪽 방향으로만 빽빽하게 꽃이 뭉쳐 피고 바로 밑에 잎이 있다. 잎의 뒷면에 선점이 있어 강한 향기를 풍기며 꽃에는 꿀이 많이 들어 있다. 서리가 내릴 때까지 강한 생명력으로 가을을 장식한다. 꽃말은 "추향, 과거를 묻지 마세요, 회한"

바람을 일으키는 억새꽃

억새
줄기가 억세고 질기며 잎사귀도 빳빳하고 가시가 있어 억새라는 말이 붙었다고 한다. 제주도의 대표적인 관광상품이었으나 지금은 서울의 하늘공원을 비롯해 신불산의 억새공원과 명성산 산정호수 등 전국 각지에서 억새축제가 이루어지고 있다. 오염물질의 정화기능이 있고 민둥산 산사태를 방지하며 뿌리는 망근라는 이름으로 이뇨제 등 한약재로 사용된다고 한다.

바람아 불어라
봄날의 따스함에 취해 비틀거리다가
잘 못 먹은 안주가
이 가을 다 가도록 아직 목에 걸려 있어
꾸역꾸역 토할 수 있게
바람아 불어주라
불지 않으면 내가 일으키리라
손바닥 흔들어도 되지 않으면
흰 양말 벗어 휘둘러보리라
온몸 휘청거리다가 허리 부러질지라도
머리 흔들다 정신 돌아 버릴지라도
바람과 한바탕 놀아보리라
햇살도 부드러운 곡선으로 바뀌었다
모진 한 해의 응어리가 풀린다
가버린 사랑 생각해 무엇하리
멀리 도망간 돈은 쫓을 수 없도다
바람이 모든 것 잊게 도와줄 것이고
바람만이 곁에 남아 친구 될 것이다
바람아 불어라.

고고한 물매화의 위선

늦가을 녘
사그라져가는 잡초 속에
함초롬히 고개 내민
고결한 기품
사진작가
가슴 뛰게 한다

햇볕 나른한
어느 오름 위에서
들국화류 무시한
순백의 가녀린 모습
지나는 등산객
영혼 빼앗는다

얼마를 기다리고
그렇게 찾았던
임 만난 순간 되도록
고귀한 자태로
유혹 능력
맘껏 발휘한다

겉모습은 위선
독한 위장술
헛수술로 나비 유혹
가짜꿀샘 벌 불러
반드시 씨 맺으며
생존 변명한다.

물매화
옥황상제의 정원을 관리하는 선녀가 꽃밭을 망친 황소를 막지 못한 죄로 12궁도를 떠돌다가 지상으로 떨어져 꽃이 되었다는 전설이 있다. 진주로 장식한 왕관 모양의 헛수술이 수정을 도와주며 꽃잎의 줄무늬도 곤충을 가짜 꿀샘으로 유도한다. 매화를 닮고 습지에서 자란다고 물매화란 이름 붙었고 7~9월에 피나 제주도에서는 건조한 오름에서 11월까지 피어난다. 한방에서는 매화초라는 이름으로 종기, 급성간염에 쓴다고 한다. 꽃말은 "고결, 결백"

곡식의 조상 강아지풀

뜨거운 해를 먹어버린 서쪽 바다가
입을 식히려고 숨을 내쉴 때
눈이 부신 강아지풀
고개 숙여 하늘을 외면하니
땅에서 사랑받아줄 준비 되었노라

칠월에 손바닥 위에서 재롱 피다가
팔월엔 낮잠 자는 사람 간지럼 도구로
구월에는 콧수염도 되어 보고
시월엔 여학생 등속에서 놀았지만
동짓달 되니 식량으로 변한다

벼도 보리도 변신한 것이고
수수와 기장도 확대된 것인데
본래는 작은 알갱이
바로 곡식의 조상인 강아지풀이
가을은 수확의 계절이란다.

강아지풀
개꼬리풀, 구미초라고도 한다. 철부지 왕자의 심술 때문에 죽은 왕실 이발사의 무덤에서 나왔다는 전설이 있다. 한여름에 피운 작은 꽃이 서리 내릴 때쯤 알갱이로 익는다. 식량이 없을 때는 씨를 받아 죽을 쑤어 먹었다는 구황식물이다. 민가에서는 뿌리를 촌충 구제용으로 사용했고 한방에서는 전초를 충혈된 눈을 치료하거나 종기 등 피부병과 상처에 처방하였다고 한다. 꽃말은 "동심, 노여움"

양지 녘에 모인 개모밀덩굴

개모밀덩굴

갯모밀 또는 적지리라고도 한다. 제주도와 남부지방의 양지바른 곳에서 자란다. 땅바닥에 붙어 줄기를 길게 뻗으며 마디마다 뿌리를 내리고 가지 치며 자란다. 덩굴이라는 말이 붙었지만 다른 덩굴식물처럼 길게 늘어지지 않는다. 잎 가운데 화살표 무늬가 있고 꽃이 필 무렵엔 잎의 한 부분이 붉게 물든다.

일어서면 바람이 시리다
돌담 밑 양지 녘에 모여든 꽃방망이들
옹기종기 붙어 앉아서 잡담한다
어느 관광객은 첫인상이 좋더라
그런 사람 사기꾼 많다
두 사람 애인이냐 부부냐
혼자 다니는 사람도 있네
중국인 떼로 다닌다는 말 실감 난다
어제 본 분 완전 멋져 부려

김영갑갤러리 운동장 한편에
늦가을 되면 개모밀덩굴이 꽃 피운다
누군가 분홍빛 별사탕만 골라
바닥에 뿌린 모습이다
관광객이 카메라 들이대면
서로 멋진 자세 잡으려고 밀쳐대다가
등산화 발바닥이 위로 보일 땐
눈을 질끈 감고 고개 숙인다
두모악 주변엔 언제나
인간사는 이야기가 맴돈다.

독한 냄새 가진 만수국아재비

향기의 가치 기준이 무엇인가?
좋은 냄새와 나쁜 냄새의 차이를 어디에 두는가?
좋아하는 것과 싫어하는 것의 구별은 무엇인가?
은은한 향기와 진한 향기는 또 어떻게 다른가?

내가 좋아하면 향기요, 싫어하면 악취다.
기준? 그런 것 없다.
만약 있다면 내 맘이 기준이라고 하면 된다.
코의 생긴 모습이 차이라면 차이가 된다.

그래서 화장품 연구원은 늘 피곤할
것이다.
코가 얼마나 피로에 약한지 한숨 쉰다.
인간의 공통점과 차이점을 찾기 어렵다.
만들어 놓은 도표는 개의 꿈일 것이다.

만수국아재비는 쓰레기 냄새난다고 한다.
쓰레기 냄새는 인간 냄새다
만수국아재비의 향기는 인간의 냄새이다.
독하디독한 인간 냄새다.

만수국아재비

잎이 만수국을 닮았지만 꽃은 작고 볼품없어 만수국아재비가 되었다. 고약한 악취가 풍긴다 하여 쓰레기풀이라는 이름도 붙었다. 열대 아메리카 원산인데 제주도와 남부에 귀화하여 길가나 빈터 그리고 산기슭 등지에 자리 잡았는데 전국적으로 확산하는 추세다. 팝콘같이 생긴 작은 꽃이 7~9월에 주로 피나 제주도는 10~11월에 걸쳐 핀다.

팔손이의 긍지

화장 안 한 순수 얼굴 모습 표현한 꽃
다소는 선머슴 같은 표정 짓고
서 있는 자세도 엉성해 보인다
이름조차 우스꽝스러워
때로는 놀림도 받지만
꽃말인 비밀 지키려 묵언한다

넓은 이파리 윤기나
이방인으로 여겨지기도 하나
순수 토종이라는 자부심 대단하다
총각나무 이름부터 그렇고
각종 국산 한약재 조달도 좋고
벌과 파리 양분 제공 더없이 즐겁다

팔각금반 괜한 명칭 아니다
넓은 여덟 손가락 잎사귀 위 꽃대 세워
서북풍에 굴하지 않고 꼿꼿한 자세 유지한다
집안에선 공기 정화와 습도조절
꽃꽂이와 목욕재료 역할도 하더니만
조용히 행운 가져다주는 꽃 피운다.

➲ 팔손이
제주도와 경남의 도서지방의 바닷가 산기슭에서 주로 자생한다. 팔각금반 또는 총각나무라는 이름도 있다. 겨울의 문턱에서 백색의 꽃이 피어 이듬해 오뉴월에 열매를 맺는다. 두텁고 큰 잎이 7~9개로 갈라져 팔손이라는 이름이 붙었는데 얼핏 보아 외국의 관엽식물처럼 보이나 순수 토종이다. 목욕물에 넣어 사용하면 류머티즘을 치료하고 거담제로도 처방된다. 꽃말은 "비밀"

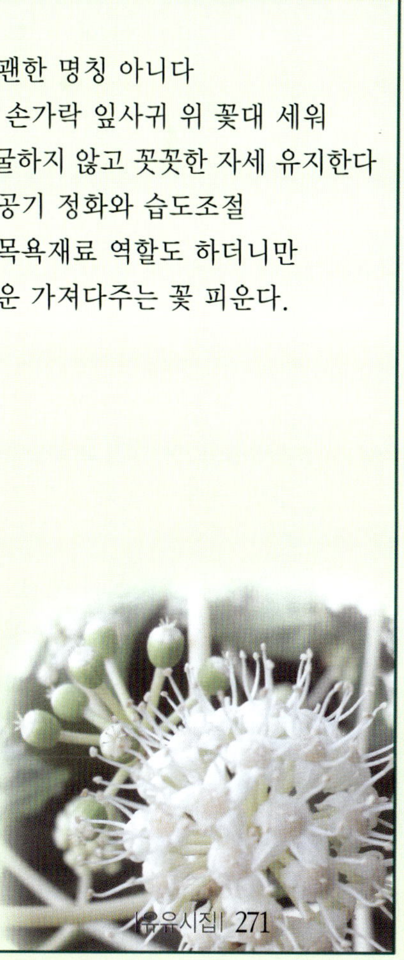

곶자왈에서 꽃 피운

제주사약채

이끼가 바위를 먹으며 살아가고 있는 곳
나무와 바위가 서로 의지한 장소에서
귀한 요정들이 숨바꼭질하다가
잠시 실례를 할 때
들키지 않으려고 안개를 뿌려
언제나 따스한 물방울이 떠다니는 곳
그런 곳에 조용히 자리 잡은 제주사약채

땅속 곳곳에서 생명이 올라오고
하늘의 모든 영혼은 아래로 내리니
숲 속을 울리는 음악은 지구의 숨소리
연습 안 하고도 호흡이 맞는 요정의 합창
어쩌다가 곶자왈에 들어온 제주사약채
이곳이 그토록 찾던 천국으로 보고
어둠 밝혀 줄 순백의 꽃 피운다.

제주사약채
궁궁이의 이명으로 되어 있으나 잎의 변이가 많아 궁궁이와 차별화가 필요하다. 곶자왈의 습기가 많은 지형에서 주로 발견된다. 궁궁이의 뿌리는 천궁이라는 한약재로 어혈을 없애고 혈액순환에 도움이 되어 고혈압과 열을 내리는데 사용되며 항암, 항비만, 면역력 증강과 부인병, 두통, 허리통증 등에 사용한다고 한다.

해국의 기다림

머언
수평선 위에 점 하나
배일까
아니
착각이었다
바다엔 여전히
파도밖에
없었다

햇살이
바닷물에 반사되어
눈이 부시다
배 들어오는 모습을
볼 수가 없다
비단같이 펼쳐지는
아름다운 물결은
관심 없다

백 년이 갔는지
천 년이 지났는지
비바람 모질어
바위 닮아
조약돌 되어 구르고
이젠 먼발치의
관광객들만
눈가에 아른거린다.

해국

중부 이남의 바닷가 암벽이나 경사진 곳에서 잘 자란다. 고기잡이 나간 어부를 모녀가 기다리다가 죽은 후 꽃이 되어 버렸다는 전설이 있다. 상단부 두터운 잎은 겨울에도 고사하지 않고 짠 바닷물과 모진 바람을 잘 견딘다. 겨울철 감기에 걸렸을 때 막걸리나 식혜로 만들어 먹으면 효과가 있다고 한다. 꽃말은 "기다림"

차가운 바다가 좋은 덩굴모밀

덩굴모밀
제주도의 남쪽 바닷가에서 자란다. 쇠소깍 등 서귀포시 일부 해안가에서 무성하게 분포되어 있지만 멸종위기 식물로 지정되어 있다. 덩굴줄기를 옆으로 뻗어 가지를 치고 가지에서 꽃대를 올려 10월부터 이듬해 1월까지 꽃을 피운다. 마디풀과의 여뀌속이어서 메밀 종류의 이름에 포함시키기가 곤란하다. 갯모밀덩굴도 같은 경우며 차라리 이름을 서로 바꾸어 부르는 편이 맞을 것 같다.

바다가 차가워지기 시작하면 덩굴모밀은 기지개를 피며 꽃을 피운다
수면을 타고 온 찬바람이 간지럼 태우며 바다가 조용해졌다고 알려 주면
눈과 귀를 열고 주변을 관찰하느라 정신을 집중시킨다
관광객들의 시끌벅적한 소리에 묻혀있던 작은 움직임이 들린다
게들이 반들반들한 몽돌 사이로 비켜가는 발자국 소리 감지되며
물결 따라 흔들리며 노는 조개들의 소꿉놀이도 보이고
헤쳐 모여를 반복하며 먹이를 잘게 부수어 먹는 새우들의 속삭임과
모래 속에서 길 찾기에 여념이 없는 갯지렁이의 콧노래도 들린다

바다가 더 차가워지면 덩굴모밀은 꽃도 피어 있고 열매까지 달고 있다
부드러운 파도와 포근한 모래 그리고 따듯한 해안은 이제 없다
갈매기가 찢어지는 소리 지르며 내려와 물고기 한 마리 물고 올라가면
무지막지한 파도가 구멍 숭숭 뚫린 바위를 마구 패기 시작하고
바위는 아프다고 울면서 하얀 피를 엄청나게 흘리는 모습이 보인다
매서운 바람은 심술기가 발동해 고깃배들을 갖고 놀고 있고
점잖은 하늘까지 나서서 어두운 조명 켜고 비까지 내리게 하니
바다는 더욱 차가워지고 덩굴모밀은 이를 음미하고 있다.

바닷가 언덕의 이고들빼기

이고들빼기
꽃잎이 사람의 앞니를 닮아 이고들빼기라는 이름이 붙었다고 한다. 가을철에 산과 들에서 꽃이 핀다고 하나 제주도 남쪽의 바닷가에는 12월까지 피어 있다. 가지를 자르면 흰 즙이 나온다. 꽃이 필 때 꽃대가 곧게 서지만 꽃이 지면 밑으로 쳐진다. 어린 순은 나물로 먹고 한방에서는 종기 등의 치료약으로 사용했는데 최근 숙취 해소 같은 간 기능 개선에 특효가 있는 물질을 추출하는 등 연구 대상이 되고 있다. 꽃말은 "순박함"

산에서 내려와
바닷가 언덕에 앉아
갯쑥부쟁이와 이야기하는
이고들빼기가
멋쩍은 노란 앞니 보여 준다

들꽃은 산에도 있고
바닷가에서도 피는데
왜 들에서만 피는
들꽃으로 불러야 하느냐고
슬쩍 물어본다

이고들빼기는
여름에는 산꽃
가을에는 들꽃
겨울에는 바다 꽃
그냥 편한 대로 산다고 한다

바닷가 들꽃들은
보이는 것 많아
심심치는 않을 것이라면서
내년엔 다른 친구들도
데려 오겠다 한다.

가을을 전송하는 덩굴용담

땅으로 기어서 따라가 보았고
나무 타고 공중으로 올라가
저 멀리 떠나는 모습 바라보았는데
뭐가 그리도 바쁜지
한 번도 뒤 돌아다보지 않고
발걸음만 재촉하고 있다

가을은 겨울에게 빚을 많이 진 모양
그러기에 겨울이 접근하면
하던 일 모두 팽개치고
사랑하는 모든 것을 버리고
잘 있으라는 인사말조차 못한 채
헐레벌떡 줄행랑 사라져 버린다

언제나 가을이 필요한 덩굴용담
갈 테면 가라지 툴툴대면서도
남아있는 온기라도 거둬들여야 하고
원망이 심하면 심술기가 발동해
행여 내년엔 안 올세라
얼굴색 조절하며 가는 가을 전송한다.

덩굴용담
제주도와 울릉도의 산기슭 양지 녘에서 자라며 늦게 피는 꽃으로 알려져 있다. 덩굴성 줄기가 땅으로 기거나 나무 등을 감고 올라가며 흰색이나 자주색 또는 보라색 꽃을 피운 후 꽃 속에서 풍선 같은 붉은 열매를 뱉는 모습이 보인다. 희귀 및 멸종위기 식물로 지정되어 있다. 청어담초라는 한약명으로 열을 다스리고 황달, 류머티즘, 해수 등에 처방한다고 한다.

고사리삼의 속삭임

Sceptridium ternatum

조용히 꽃 피웠는데
포자엽 올라왔다고 떠들어댄다
종족 번식 위해 씨 만들었더니
포자낭 달렸다고 소문낸다

이곳저곳 여러 곳에
흩어져 많이 살고 있는데도
오로지 이곳만 있고
그것도 오랜만에 보았댄다

나는 꽃고사리
백제 왕궁이 아니라
언제나 산속 숲에 있으니
가을 되면 눈 맞춤하러 오라.

고사리삼

꽃고사리라고도 하며 겨울에 꽃 피우는 식물이라는 뜻의 동초, 홀로 서 있는 황금닭을 닮았다는 의미의 독립금계라는 이름도 있다. 제주도를 비롯한 남부지역의 높은 산, 비옥한 토양에서 잘 자란다. 영양엽이라고 하는 보통 이파리 위에 꽃에 해당하는 백제 왕관 모양의 포자엽을 올리며 9~11월에 좁쌀 같은 포자낭이 익는다. 한방에서는 전초를 음지궐이라 하여 해열, 소염, 기침, 고혈압 등에 처방한다고 한다.

갯쑥부쟁이
제주도와 남해안의 해변 언덕이나 암벽 또는 산기슭의 건조한 땅에서 주로 자란다. 봄과 여름에 꽃이 피지만 제주도 남쪽 바닷가에는 가을에 피어 겨울에도 볼 수 있고 이듬해 봄까지 이어진다. 한두 개의 개체로 분포하기도 하고 집단으로 모여 있기도 한다. 꽃말은 "옛사랑, 순정"

엎드려 춤추는 갯쑥부쟁이

서 있기 어려우면 앉아야 하고
앉아서도 버티기 힘들면 엎드리자
자존심 세우다가 허리 꺾인 경험
되풀이하지 않는 것도 지혜라
하늘 멀어진 만큼 땅과 가까워지니
겨울바람은 원망이 반 감사가 반

바닷가 언덕에 엎드려서 일광욕하거나
절벽 바위틈에 기대 숨바꼭질하거나
올망졸망 모여 앉아 수다를 떨거나
작아진 키에 까치발로 파도를 보거나
갯쑥부쟁이는 바람이 오는 냄새 맡으면
자동적으로 흔들리며 막춤 춘다.

겨울을 맞이하는 갯국화

갯국화
남부 도서지역의 바닷가 벼랑이나 모래밭에서 자란다. 늦가을 피기 시작해 겨울 동안 꽃을 볼 수 있는데 노랗고 작은 꽃들이 뭉쳐서 난다. 잎의 뒷면에 흰색 잔털이 있어 은빛으로 빛나며 테두리도 두드러지고 잎의 색도 다양하게 변화해 잎이 꽃처럼 보인다. 산국보다 키도 작고 꽃도 훨씬 작다. 꽃말은 "곧은 절개"

아마 산에는 눈이 내리고 있겠지
그윽함을 자랑하던 산꽃들은
낙엽 속으로 숨어 들어가
참선을 시작했을 거야

들에는 새매만이 공중을 맴돌 거고
넓은 땅을 수놓았던 들꽃들도
앉았던 흔적 모두 지운 후
사라져버렸겠지

바닷가도 매서운 바람 불기 시작해
꽃들은 하나 둘 멀리 날아가고
바위를 움켜쥔 뿌리만이
추위에 떨고 있어라

그렇지만 남쪽 해안엔 사정이 다르지
작은 햇볕과 소금기만 갖고도
겨울에 꽃 피우는 것 있으니
바로 갯국화라네.

갈대의 중얼거림

호수나 바다의 물가에 살고 있다네요
산에서 사는 억새와 다르지만 이름 같이 불러도 상관없어요
모양새가 비슷하다고 같은 인생 아니지만 나고 죽는 것은 별 차이가 없지요
바람과 친하지는 아니하지만 어쩔 수 없이 바람과 더불어 사는 생명이니 바람 친구라 불러도 개의치 않아요
억새도 같은 입장이지만 그래도 억새는 귀공자 같은 폼을 잡고 있어 조잡한 내 모습보다는 좋아요
희고 깨끗한 얼굴을 흔드는 억새를 볼 때 갈색의 칙칙한 내 인상이 슬플 때도 있답니다
그래도 무슨 일이 있을 때마다 억새를 찾지 않고 이 몸 갈대 먼저 찾아서 좋지요
억새가 방안의 꽃병 속에 있을 때 갈대는 빗자루 되어 방을 쓸고 있지요
방안을 살포시 가려주는 발이 되어 햇볕을 조절하기도 하고요
방바닥 차가울 땐 자리 되어 봉사하기도 한답니다
비 오는 날 삿갓 역할은 더없는 자랑이지요
그래서 갈대는 자부심이 크답니다
갈대는 갈대라고 합니다
바람 따라 흔들리는 갈대랍니다
세상에서 잘 적응한다는 갈대가 되었습니다
하나가 한쪽을 바라보면 모두가 따라 하는 갈대입니다
줏대 없는 갈대 아니라 일치단결의 힘을 보여주는 갈대 정신이지요
모두가 뜻을 같이할 수 있다는 상징적인 모습 보여주어 무시 못 하게도 하고요
어느 땐 전부가 동시에 몸을 태워 물 위 불 무섭다는 교훈을 일깨워 주는 희생도 한답니다
그렇지만 평소에는 한가롭고 평화스러운 영화 속의 한 장면을 연출하려 매우 노력하고 있답니다
조류학자들은 갈매기와 철새 찾아 카메라 갖고 오고 환경가들도 늪이니 습지니 하면서 찾아와 좋습니다
무엇보다도 보람된 것은 이 몸이 음악의 상징이 되고 시인들은 인간과 연결시켜 생활철학을 노래하는 것이랍니다

12월 추운 겨울에는 들꽃이 없다네

사랑의 열매 죽절초

사랑의 열매 나오면
겨울의 신호
이웃에 대한 연민
가련한 사람들
베푸는 사랑
그래서 12월의 나무

붉은 열매는
추위 극복하는 정열의 화신
숲 속 계곡 자리 잡아
근면 성실이
천금보다 귀한 가치라
주장하는 나무

하늘 향한 열매
무릇 눈길 끌어
멸종 위기 수난
있는 듯 없는 듯했던 꽃
열매가 아름다워 불쌍한
풀 아닌 나무.

죽절초

제주도 남부지역에서 자생하는 높이 1m 내외의 식물. 줄기가 대나무의 마디를 닮은 나무이나 풀처럼 부드러워 죽절초라는 이름이 붙었다 한다. 겨울에 붉은 열매가 달리고 톱니가 있는 윤기 나는 잎과 어우러져 관상적 가치가 높지만, 멸종위기 식물이다. 연말 불우이웃돕기로 사용되는 "사랑의 열매" 모델로서 산림청 국립수목원에서는 "12월의 나무"로 지정한 바 있다. 환경부 지정 야생보호식물 18호, 산림청 지정 희귀 멸종위기식물 5위에 있다고 한다.

단아함의 대명사 흰동백

무심한 얼굴 표정인 듯하지만
우아한 미소가 흐르고
평범하면서도 깔끔한 옷차림엔
주변 시선 모이며
조용히 앉아있는 자세에는
선녀의 모습이 비친다

아무리 숨기려 해도
사랑하고 있음을 알게 되고
순백으로 위장해도
불타는 정열이 드러나 보이는
단아함의 대명사
흰동백 꽃이라 한다.

눈꽃 피운 서어나무

겨울이 되면 편안한 휴식을 취한다
눈이 오면 하얗게 차려입고 노래 부를 수 있다
너무나 맑아 눈이 시린 푸른 하늘을 바라보며 휘파람도 불어 본다
공해 싫어 도시 멀리 떨어진 산속에 사는 삶의 맛을 다시 한번 느끼게 된다
조밀한 작은 이파리 무성하게 달고 있다가 모두 벗어버리고 자유를 만끽하는 시간이다
그동안 친구로 지내던 큰오색딱따구리 크낙새 장수하늘소 모두 떠났어도 그리 외롭지 않도다
주변에 여러 종의 서어나무가 군락을 이루어 같이 서 있기 때문에 서로 의지가 된단다
우리는 숲의 천이 과정에서 마지막을 장식한다는 극상림이란 칭호도 받는다
비록 축축 처진 꽃차례와 열매가 볼품없어도 쭉 벋은 줄기는 자랑한다
키 큰 줄기와 많은 가지 그리고 빼곡한 잎이 하늘을 가려 미안하다
땅바닥 그늘 만들어 하층 식생 방해는 유감이라 하겠다
근육질 회색빛 줄기의 무력함도 민망한 소견이다
별로 쓸모없다는 평가에도 할 말이 없다
그래도 땔감으로는 ㅍ 좋다고 한다
장작은 쥐 잡을 때도 사용한다
서쪽에서 온 나무는 아니다
한라산에 사는 나무다
서어나무라 한다.

떨어진 동백꽃잎에 눈물을 보태며

꽃이 피면
반드시 진다는 것 모르던가
아름다운 꽃일수록
더욱 아쉽다는 것 알지 않는가
왜 왜 왜
소리칠수록 덧없음만 돌아온다

숨어서 곱게 화장한 후
빗물 고인 웅덩이에
곁눈질로 비춰보더니만
반족스러운 미소
하늘색과 어울리던 때
바로 어제였더라

아직 봄이 오려면
한참이나 남았는데
세상의 진리 담은 꽃 빛은
여전히 붉게 타고 있는데
기다리던 임도
이제 다 왔다고 하는데

어쩌랴
왔으니 떠나야 한다
반갑잖은 삭풍 핑계 삼아
속절없이 가야 한단다
미련 미련 서린 낙화에
애써 눈물만을 보태본다.

임 기다리는 겨우살이

그리워 너무 그리워
높은 나무 찾아 올라가
붉은 열매 신호 삼아
애타게 부르지만
기다리는 그 님은 흔적도 없네

안쓰럽다 해도 좋다
얄밉다고 해도 괜찮다
끈질긴 의지만 있으면 된다
임 기다리며 살기 위해선
수단 방법 안 가릴지어라

기다리는 임은 아니 오고
온갖 잡것 몰려들어
더 깊은 숲 속 들어가야 하니
슬픔만 더 커지고
임 만날 날 한없이 멀어진다.

겨우살이

높은 산에 있는 참나무, 팽나무, 자작나무, 밤나무, 동백나무 등지에서 기생하는 상록활엽소관목이다. 새 둥지 같은 모습으로 자라며 엽록소를 갖고 광합성을 하지만 영양분은 숙주에서 빼앗는다. 겨울철 열매가 새들의 먹이가 되어 다른 나무로 씨가 퍼지기 때문에 주로 있는 곳에서만 볼 수 있다. 상기생, 기생목 등의 한약명으로 고혈압, 신경통, 동맥경화 등에 중요 약재로 사용했고 현대에 들어와서는 항암 효과에 관해 연구 중이라 한다.

산다화의 수줍음

저 본 적 있나요
나뭇잎 속에 숨어 있다가
가끔 이렇게 얼굴 내밀고
혹시 그분 오실까
조바심 내다보니
볼만 붉게 물들었네요

그분 아는 사람 있나요
있으면 알려 주세요
애처롭게 보이지 않으려
무척이나 노력하지만
천성이 그렇다 보니
동정 어린 눈길 받나 봐요

붉은 저고리 파란 치마
촌스런 새색시 같다고요
촌에 사니 촌스럽고
새색시라면 더 좋지요
그분 기다림에 애가 타
눈물 흘리지 않아서 좋지요

그분을 믿고 있어요
너무 떨려 말 제대로 못 하고
편지 쓸 줄도 모르지만

죽어 백 년이 더 슬픈 구상나무

미련이란 병인 줄 알면서도
이 땅 애착 너무 많아
아직도 생의 굴레 벗지 못한 채
들릴 듯 말 듯한 호소
어찌 이런 고통 모습 보여야 하나

살아 백 년 동안 온몸 바늘 돋친 채
활엽수 그늘 피해 높은 산 위 올라가
수도를 해 보았었다
하늘을 존경하는 열매 달고
사철 푸른 기개로 은은한 향기 풍기며
무릇 식물의 지도자로 일생을 봉사했다

지구상에서 존재함에
원산지 한라산임에도
미국 박물관 재산권 주장
그리고 크리스마스트리가 되니
할 말을 잊었다

끈질긴 생명력을 가졌노라고
그것은 아니니다
껍질이 벗겨지고 수액이 다 말라도
뿌리가 번민에 쌓여
떠나지 못하고 있을 뿐이다.

겨울 꽃의 고뇌

미처 흙으로 돌아가기도 전에
눈이 온 누리를 덮으매
억지로 꽃모습 유지하며
벌 나비 사라진
한겨울 보내다 보니
탄생의 환희부터
성장의 열정 거치는
과거를 회상하게 된다

눈이 녹으면
또다시 반복될 생태계에서
지난 세월 반추란
덧없음을 알면서도
숲은 너무도 적막하고
외로움과
뜻 모를 슬픔
그리고 공포에 떨다 보니
아름다웠던 그 때만 생각난다

화두를 정해
참선에 들어도
잡념은 끊이지 않고
이런저런
기 수련 시도해도
몸은 점점
허약해지기만 하는
겨울 꽃의 운명에
위로 보낸다.

산에 사는 백조

고뇌에 휩싸인 고니여
산은
그대 살 곳이 아닌데
어떠한 연유로
이곳에 왔는지 모르지만
조속히
가야 할 곳으로
돌아가야 한다네

조용히
지난날을 회상하는
시간 갖고
심신의 피로도
풀기 위해
산에 왔다 하지 말구려

날개옷 잃어버린 죄로
부지런히 발을
움직이지 않으면
물에 빠져 죽는 새
멍에가 되었지만
그래도
그대 살 곳은
물 위이라네

순백의 영혼을 지닌
아름다운 그대여
이제 근심 걱정
흙에다 묻어 놓고
어서
산에서 내려가게나.

봄 꿈꾸는 수선화

목을 길게 빼
무엇인가 찾으려 하나
보이는 건
바람이
동백나무와 노는 모습
구름 사이로
약한 햇살이 나오자
슬며시 고개 숙인다

새들이 다가와도
모른 척 외면하더니만
새 떠날 땐
그럴 수밖에 없었노라
에써 서운함을
속으로 삭이며
소극적 성격을 자책하곤 한다

태생이 물가인진 모르나
자태를 뽐내기 위해
언덕의 가장자리 잡아
잔설을 배경으로
살포시 미소 지으며
봄을 꿈꾸고 있다

고상한 척하면
외로움을 지고 살아야 하고
자존심만 내세우면
사랑은 멀리 물 건너가는 법
동료와 어울려
노래 부를 때
수선화의 가치는 높아져 간다.

수선화
잎이 늦가을에 자라기 시작하여 꽃이 12월~3월에 걸쳐 피기 때문에 설중화라는 이름도 붙었다. 노란색의 꽃이 기본이지만 흰색 등 다양하게 분화되었다. 그리스 신화에 나르시스라는 청년이 연못 속에 비친 자신의 아름다운 얼굴에 반해 빠져 죽었고 그 자리에서 수선화가 피었다고 한다. 이와 연관시켜 꽃말이 자기주의 또는 자기애가 되었다. 꽃과 잎 및 땅속 비늘줄기는 부스럼 치료, 풍 제거, 거담과 백일해 등에 사용된다고 한다.